KB200043

____________________님께

"기도하는 그 시간,
그때가 가장 행복한 시간입니다.
기도하는 그 장소,
그곳이 바로 천국입니다.

기도로 예수님과 동행하는
행복한 하루하루 되십시오.

____________________드림

기도하면 행복해집니다

기도하면 행복해집니다

지은이 | 하용조
초판 발행 | 2004. 10. 22
2판 1쇄 | 2024. 10. 11
등록번호 | 제1988-000080호
등록된 곳 | 서울특별시 용산구 서빙고로65길 38
발행처 | 사단법인 두란노서원
영업부 | 2078-3333 FAX | 080-749-3705
출판부 | 2078-3331

책 값은 뒤표지에 있습니다.
ISBN 978-89-531-4942-7 03230

독자의 의견을 기다립니다.
tpress@duranno.com http://www.duranno.com

두란노서원은 바울 사도가 3차 전도여행 때 에베소에서 성령 받은 제자들을 따로 세워 하나님의 말씀으로 양육하던 장소입니다. 사도행전 19장 8-20절의 정신에 따라 첫째 목회자를 돕는 사역과 평신도를 훈련시키는 사역, 둘째 세계선교(TIM)와 문서선교(단행본·잡지) 사역, 셋째 예수문화 및 경배와 찬양 사역, 그리고 가정·상담 사역 등을 감당하고 있습니다. 1980년 12월 22일에 창립된 두란노서원은 주님 오실 때까지 이 사역들을 계속할 것입니다.

기도하면 행복해집니다

하용조 지음

두란노

Contents

3부 기도는 능력입니다 59

4부 이렇게 기도하십시오 85

저자 서문

"행복한 기도의 사람이 되십시오"

기도는 하나님이 우리에게 주신 선물이요, 특권입니다.
그러나 많은 그리스도인들이 이 선물을 받아 놓고도
포장조차 풀지 않은 채 그냥 살아갑니다.
기도가 지닌 특권을 제대로 사용하지도 누리지도 못한 채 살아갑니다.
얼마나 안타까운 일인지 모릅니다.
참 그리스도인은 기도하는 사람입니다.
기도는 우리가 하나님의 자녀이며
예수님의 제자임을 증명해 주는 표식입니다.
기도하지 않는 사람은 진정한 그리스도인이라 할 수 없습니다.
그래서 우리는 기도를 배워야 합니다. 기도를 해야 합니다.
기도로 순간마다 하나님을 만나고 그분과 동행해야 합니다.

우리가 기도하면 하나님이 우리를 만나 주십니다.
하나님이 당신의 뜻을 계시하십니다.
그래서 기도하는 바로 그곳이 하나님의 성전이요, 천국이 되는 것입니다.
기도는 환경을 바꾸고, 사람을 변화시킵니다.
때로 기도는 노동이고 영적 전쟁이지만,

자신의 부모를 전폭적으로 신뢰하는 어린아이처럼
하나님을 신뢰하고 끝까지 인내하며 기도할 때
우리의 삶에 하나님의 능력이 나타납니다.
일이 안 될 때나 잘될 때나,
슬플 때나 기쁠 때나, 아플 때나 건강할 때나
언제 어느 때든 기도로 하나님께 나아가십시오.
우리가 기도하면 하나님이 움직이십니다.
우리가 기도하면 하나님이 우리를 움직이십니다.

홀로 기도하십시오. 함께 기도하십시오.
다른 사람에게 기도를 부탁하십시오. 다른 사람을 위해 기도하십시오.
일보다 기도가 앞서게 하십시오. 사람보다 기도가 앞서게 하십시오.
중요한 일일수록 먼저 기도해야 합니다.
기도할 줄 모른다면 "예수님, 기도를 가르쳐 주소서" 하고 기도하십시오.
예수님은 기도에 관해 직접 많은 본을 보여 주시고 약속을 주셨습니다.

기도는 우리가 평생 해야 할 일이자 누려야 할 안식입니다.
당신의 생애가 기도의 능력을 경험하는 하루하루로 이어지길 바랍니다.
당신이 예수님과 동행하는 행복한 기도의 사람이 되길 바랍니다.

2004. 10

1. 당신도 기도할 수 있습니다

기도는 우리의 생명줄입니다
기도는 하나님과 나를 연결하는 무전기입니다
기도는 하나님과 일상을 이야기하는 것입니다
기도는 축복의 통로입니다
위대한 사역 뒤에는 기도가 있었습니다
참된 기도는 나를 위해 하는 것이 아닙니다
성령이 이끄시는 기도가 능력 있는 기도입니다
중보 기도는 세상에서 가장 고귀한 행동입니다

1. 기도는 우리의 생명줄입니다

근본적으로 모든 크리스천은 기도라는 생명줄을 통하여 하나님으로부터 영적인 자양분을 공급받습니다. 기도가 없다면 우리의 신앙은 공기나 물이나 태양의 공급을 받지 못해 말라 죽는 식물처럼 말라 죽어 버릴 것입니다.

우리의 신앙은 생각함으로써 성장하는 것이 아니라 기도함으로써 성장합니다. 이러한 의미에서 구제가 이웃을 향한 신앙의 모습이라고 한다면 기도는 하나님을 향한 신앙의 모습입니다.

그렇다면 우리가 기도할 때 누구에게 기도하느냐가 가장 중요합니다. 아무리 훌륭하고 좋은 기도를 드렸다 해도 그 대상이 다르다면 얼마나 다른 결과를 가져오겠습니까?

참된 기도는 자기 자신에게 하거나 다른 사람에게 하는 것이 아닙니다. 기도의 대상은 오직 한 분 하나님입니다. 그럼에도 불구하고 우리는 기도의 대상인 하나님보다 기도하고 있는 우리 자신이나 옆에 있는 사람들을 의식하고 기도할 때가 많습니다. 이것을 가리켜 예수님은 '위선' 이라고 말씀하셨습니다.

기도의 대상 못지않게 기도의 내용 역시 매우 중요합니다. 기도는 한마디를 해도 하나님과 관계 있는 생명력 있는 대화를 해야 하기 때문입니다. 그렇다면 하나님은 어떤 기도를 들으실까요?

하나님은 마음속에 진실이 담긴 기도를 들으십니다. 어떤 때는 할 말을 잃고 눈물만 뚝뚝 흘리면서 마음속으로 진실을 고백하는 기도를 할 수도 있습니다. 그것은 기도가 아닌 것처럼 보일지 모르지만 매우 훌륭한 기도입니다. 왜냐하면 때로는 그런 기도가 하나님과 나누는 진실한 대화일 수 있기 때문입니다.

하나님은 말을 많이 해야 들으시는 분도 아니고, 큰 소리로 말해야 알아들으시는 분도 아니며, 화려한 언어로 기도해야 감동하시는 분도 아닙니다. 우선 진실이 담겨 있어야 합니다. 하나님은 진실이 담긴 기도에 응답하십니다. 그리고 진실이 담긴 기도는 하나님과 우리를 연결하는 생명줄입니다.

"여호와께서는 자기에게 간구하는 모든 자 곧 진실하게 간구하는 모든 자에게 가까이하시는도다"(시 145:18).

2. 기도는 하나님과 나를 연결하는 무전기입니다

기도는 영적 전쟁에서 무전기와 같습니다. 전투를 하고 있는 군인에게는 총도 중요하지만 더 중요한 것이 있는데 그것이 바로 무전기입니다.

전쟁터에서 전투를 개시하면 작전 사령부로부터 무전기를 통해 계속 작전을 지시받습니다. 그런데 때로는 전투지에서 보면 지금 진격하면 이길 수 있을 것 같은데 사령부에서는 후퇴하라고 하는 경우가 있습니다. 작전 사령부에서는 전체적인 상황을 알고 있기 때문에 지금 공격하면 위험하므로 후퇴하라고 명령하는 것입니다.

반대로, 전투지에서 보면 지금 상황이 어려운데 작전 사령부에서는 공격하라고 명령하기도 합니다. 이때 그 명령을 따라야만 작전을 수행하고 승리할 수 있습니다. 그래서 무전기는 매우 중요한 것입니다.

기도는 하나님과 나 사이의 무전기입니다. 성령은 우리에게 무시로 기도하라, 깨어서 기도하라, 항상 기도하라고 권면합니다. 그러므로 우리는 항상 기도 무전기를 휴대하여 하나님에게 보고하고 지시를 들어야 합니다. 그래야 영적 전투에서 승리할 수 있습니다.

"모든 기도와 간구로 하되 무시로 성령 안에서 기도하고 이를 위하여 깨어 구하기를 항상 힘쓰며 여러 성도를 위하여 구하고"(엡 6:18).

3. 기도는 하나님과 일상을 이야기하는 것입니다

며칠 전 오미자차를 마셨는데 그 색깔이 매우 예뻤습니다. 차는 안 마시고 그 색깔에 반해 어떻게 이런 빛깔을 만들 수가 있을까 한참을 감탄만 했습니다.

꽃 한 송이의 색깔, 지는 해의 노을빛, 돋는 해의 찬란한 광채, 이런 것들을 보면서 "하나님, 어쩌면 이렇게 자연을 아름답게 만드셨나요?"라는 고백이 절로 나옵니다. 또 그렇게 감탄을 하는 제 자신을 보고 놀랍니다. '언제 이렇게 순수하고 풍부한 감성을 지녔을까' 하고 말입니다.

기도에는 여러 종류가 있습니다. 말로 하는 기도도 있고, 그냥 생각을 주고받는 기도도 있습니다. 이렇게 자기의 느낌과 감정을 그대로 고백하는 기도도 있습니다. 하나님과 일상적인 대화를 하듯이 하는 기도를 대화기도라고 합니다.

우리는 기도 하면 간구하는 것만을 떠올릴 때가 많습니다. 물론 필요한 것을 구하는 기도는 중요합니다. 주님은 우리에게 일용할 양식을 구하라고 분명히 말씀하셨습니다. 물론 이 간구가 자기의 욕심을 채우는 것이 되어서는 안 됩니다. 자식이 배고플 때 부모한테 밥 달라고 하는 것은 당연한 일입니다. 자기 자식이 병들었을 때 병 고쳐 달라는 것은 욕심이 아닙니다. 그것은 사랑하는 부모 자식 간의 당연한 관계입니다. 그것은 하나님과 나의 관계에서 누릴 수 있는 축복입니다.

그러나 우리는 일용할 양식을 빙자로 자신의 탐욕을 구할 때가 많습니다. 명예와 탐욕, 잘못된 축복을 구할 때가 많습니다. 그러므로 우리는 일상생활 속에서 자연스럽게 하나님과 대화하는 기도를 할 필요가 있습니다. 하나님과 자주 대화를 하다 보면 하나님의 마음을 더 잘 알 수 있고, 그만큼 잘못된 간구를 하지 않게 될 것입니다.

기도가 왠지 거창하고 어려운 것이라고 느껴진다면 "하나님, 오늘 제게 주신 말씀이 큰 위로가 됩니다. 하나님, 감사합니다. 그리고 제 생각은 이렇습니다" 하고 하나님에게 이야기해 보십시오. 그렇게 하나님과 잔잔히 대화를 하다 보면 그것이 진솔한 기도가 되고, 자기도 모르게 하나님을 기쁘게 해 드리는 찬양이 됩니다.

4. 기도는 축복의 통로입니다

야곱은 죽기 전에 요셉의 두 아들을 축복합니다. 요셉에게 두 아들을 데려오게 한 후 야곱은 그들을 축복합니다.

"이스라엘이 요셉의 아들들을 보고 가로되 이들은 누구냐 요셉이 그 아비에게 고하되 이는 하나님이 여기서 내게 주신 아들들이니이다 아비가 가로되 그들을 이끌어 내 앞으로 나아오라 내가 그들에게 축복하리라"(창 48:8-9).

축복은 전수됩니다. 아버지의 축복이 아들에게 갑니다. 할아버지의 축복이 아버지에게 가고, 아버지의 축복이 아들에게 갑니다. 저주는 삼사 대에 이르지만 복은 수천 대에 이릅니다. 하나님의 복은 전수됩니다. 그래서 "하루에 한 번씩 자녀를 축복하라"는 말이 있습니다. 야곱은 험악한 세월을 살았고 나그네 인생을 살았지만, 하나님을 신뢰하기 때문에 자녀를 축복할 수 있었습니다.

당신의 자녀 머리에 손을 얹고 매일 축복하십시오. 저주와 욕을 먹고 자란 자녀와 축복을 받고 자란 자녀는 다릅니다. 자녀가 잘못해서 야단 맞고 매를 맞을 때도 '우리 부모님은 나를 사랑하신다' 고 느낄 수 있어야 합니다. 혹여라도 '우리 엄마는 계모가 아닐까?' '이 집에서 살기 싫어' 라는 느낌을 받게 하면 안 됩니다. '우리 부모님이 믿는 하나님은 진짜야.' 하고 느끼게 해 주어야 합니다. 자녀에게 하는 축복 기도는 아무리 많이 해도 지나치지 않습니다.

"믿음으로 야곱은 죽을 때에 요셉의 각 아들에게 축복하고"(히 11:21).

5. 위대한 사역 뒤에는 기도가 있었습니다

금식 기도는 기도 중에 백미이자 영적 훈련의 최고봉이라 할 수 있습니다. 성경에는 금식 기도를 한 여러 인물의 기사들이 기록되어 있습니다. 예수님도 공생애를 시작하자마자 금식 기도를 하셨습니다. "그때에 예수께서 성령에게 이끌리어 마귀에게 시험을 받으러 광야로 가사 사십 일을 밤낮으로 금식하신 후에 주리신지라"(마 4:1-2).

모세는 시내 산에서 하나님의 언약궤를 받을 때 사십 일 동안 전혀 먹지 않고 금식했습니다. 그러고 난 후 십계명이 새겨진 돌판 두 개를 받았습니다(출 34:28). 또 엘리야가 로뎀나무 아래에서 죽기를 구했을 때 하나님은 배부르게 먹이신 후에 사십 주야를 행하게 하셨습니다. 호렙 산에 이르자 그는 하나님의 세미한 음성을 듣게 되었습니다(왕상 19:8-12). 사도 바울의 경우에는, 금식 기도를 했다는 기사는 나오지 않지만 소명을 받고 곧바로 사역에 뛰어든 것이 아니라, 3년 동안 아라비아로 가서 은둔 생활을 했습니다(갈 1:17-18).

위대한 사역 뒤에는 이처럼 언제나 고통스런 준비의 시간이 있습니다. 피아노 연주를 할 때 청중들은 연주회의 화려함만 보기 쉽습니다. 그러나 훌륭한 연주를 위하여 피아니스트는 손에서 피가 나도록 연습했다는 사실을 알아야 합니다. 하나님의 사람들에게 금식 기도는 훌륭한 영적 훈련입니다. 이러한 영적 훈련 없이 그 누구도 하나님의 일을 이룰 수 없습니다.

그러면 금식이란 무엇입니까? 금식이란 말 그대로 음식을 먹지 않는 것입니다. 먹지 않으면 어떻습니까? 당연히 배가 고프지요. 어떤 사람이 사십 일을 금식하며 기도한 사람에게 금식 기도를 끝낸 소감을 물었습니다. 어쩌면 "하나님의 음성을 들었다", "무슨 환상을 보았다" 등의 말을 기대했는지도 모르겠습니다. 하지만 금식한 사람은 이렇게 말했다고 합니다. "이제야 배고픈 사람의 심정을 이해하게 되었다." 얼마나 귀한 깨달음입니까? 그는 아주 실제적인 것을 깨달은 것입니다. 굶으면 배고프다는 사실은 만고 불변의 진리입니다. 배고프면 먹을 것밖에 생각이 나지 않습니다.

우리 육체에 일어나고 있는 많은 문제들은 실제적으로 영적인 것과 상관이 있습니다. 먹을 수 없게 되었을 때 우리는 먹을 수 있었던 것을 감사하게 되고, 굶고 있는 사람들을 불쌍히 여기는 마음이 생기기 시작합니다. 따라서 금식하는 가운데 배고픈 사람을 이해하고 어려운 사람들을 더 긍휼히 여기게 됩니다. 자기가 배고파 보아야 남을 이해하고, 인간의 육신이 얼마나 연약한지를 깨닫는 것입니다.

이것은 또한 영적인 싸움을 위한 준비이기도 합니다. 하나님과 깊은 교제를 갖는 사람은 배고픈 것, 못 입는 것 등 환경의 고통이 문제가 되지 않습니다. 금식을 해 본 사람이라면 모두 느끼겠지만 인생의 의미까지도 다시 생각하게 됩니다. 좋은 옷 입는 것, 화장하는 것, 화려한 사치품을 갖는 것, 인간관계의 모든 문제 등이 다 의미가 없고 시시해집니다. 다만 배가 고파 힘든 만큼 왜 기도를 하는가에 집중하게 되고 하나님을 생각하게 됩니다. 금식 기도는 자신을 바라보게 하는 아주 좋은 방법입니다.

뿐만 아니라 금식을 하면 내가 얼마나 먹는 일에 노예가 되어 있었나 하는 것을 깨닫게 됩니다. 실제로 우리들이 먹는 것에서 자유한다면 정말 놀라운 일이 생기며, 우리 인생의 참된 의미를 발견하게 될 것입니다.

그럼에도 어떤 사람들은 금식을 아주 불필요한 것, 혹은 율법적인 것이라고 말합니다. 또 반대로 하루 먹고 뜻대로 안 되면 하루 금식하고, 또 하루 먹고 하는 금식병에 걸린 사람도 있습니다. 또 듣기에는 사십 일 금식을 하다 죽은 사람도 있습니다. 의무적이거나 과도한 금식은 해롭습니다. 이것들은 모두 금식의 본뜻을 모르고 금식을 무기로 삼는 잘못에서 오는 것입니다. 진정한 금식의 의미를 아는 것은 우리의 건강한 영적 생활과 육적 생활에 참으로 중요합니다.

6. 참된 기도는 나를 위해 하는 것이 아닙니다

창세기 18장은 아브라함을 찾아오신 하나님과 그가 나눈 대화를 기록하고 있습니다. 특히 하반부는 소돔의 구원을 위해 아브라함이 하나님과 간절한 마음으로 타협의 간구를 하는 장면이 나옵니다. 그는 하나님에게 거듭 간청하여 소돔 성을 멸망시키지 않는 조건으로 의인 오십 명에서부터 시작하여 사십오 명, 사십 명, 삼십 명, 이십 명, 마침내 열 명까지 양보를 받았습니다.

"아브라함이 또 가로되 주는 노하지 마옵소서 내가 이번만 더 말씀하리이다 거기서 십 인을 찾으시면 어찌 하시려나이까 가라사대 내가 십 인을 인하여도 멸하지 아니하리라"(창 18:32-33).

당신은 아브라함의 끈질긴 간구 장면을 보며 무슨 생각이 들었습니까?

그가 하나님 앞에 너무 비참하다는 생각이 들지 않습니까? 그러나 이것이 중보 기도자의 진정한 모습입니다. 하잘것없고 가치 없는 사람을 위해서 간구하는 것입니다. 아브라함은 간구로 인해 하나님에게 미움을 받으면 갈 데가 없습니다. 그러나 그는 하나님을 붙잡고 수치당할 것을 각오하는 모험을 시작합니다. 참된 중보 기도자는 이처럼 수치를 무릅쓰고 간절한 마음을 가지고 기도하는 사람입니다.

여기서 또 한 가지 중요한 사실을 발견합니다. 아브라함의 수치스런 중보 기도가 자신을 위한 것이 아니었다는 사실입니다. 참된 중보 기도는 '나'를 위해 하는 것이 아닙니다. 참된 인생은 '나'를 위해 사는 것이 아닙니다. 그런데 우리의 삶과 고민은 대부분 '나' 때문입니다. 다른 사람의 문제 때문에 고민하며 내 인생을 바친 적은 거의 없습니다.

아브라함의 마지막 간구가 끝난 후 이런 말씀이 나옵니다. "여호와께서 아브라함과 말씀을 마치시고 즉시 가시니 아브라함도 자기 곳으로 돌아갔더라"(창 18:33). 하나님은 아브라함과 말씀을 마치고 떠나셨습니다. 이것으로 대화는 끝이 나고 아브라함은 무척 가슴이 아팠을 것입니다. 하나님은 아브라함에게 모든 것을 양보하셨지만, 소돔과 고모라에는 의인이 없었기에 아브라함의 기도가 수포로 돌아간 듯했습니다.

그러나 그의 중보 기도의 능력은 살아 있었습니다. 그 후 어떻게 되었습니까? 창세기 19장 29절을 보면 그 기도가 결코 허공을 치는 기도가 아니었음을 알 수 있습니다. "하나님이 들의 성들을 멸하실 때 곧 롯의 거하는 성을 엎으실 때에 아브라함을 생각하사 롯을 그 엎으시는 중에서 내어 보내셨더라."

하나님은 들으시지 않는 것 같아도 우리의 기도에 세밀하게 응답하십니다. 하나님은 백성들의 기도를 결코 땅에 흩어 버리시지 않습니다. 우리의 기도를 기억하시고 반드시 응답하십니다.

롯에게 구원받을 만한 믿음이 없어도 하나님은 아브라함의 중보 기도를 기억하사 롯을 구원해 주셨습니다. 우리가 지금까지 살아온 것은 하나님의 은혜라고 할 수 있습니다. 우리의 믿음이 좋아서가 아니라 누군가 우리를 위하여 기도했기 때문에 우리는 지금 이 자리까지 올 수 있었던 것입니다.

가족들을 위하여 기도하십시오. 기적이 일어납니다. 친구를 위하여 기도하십시오. 기적이 일어납니다. 나라를 위하여 기도하십시오. 기적이 일어납니다. 기도에는 능력이 있습니다.

7. 성령이 이끄시는 기도가 능력 있는 기도입니다

성령님이 제자들을 통해 어떻게 말씀하셨습니까? 여러 가지 방법이 있지만, 오순절 성령 강림 때 나타난 방법은 사람들로 하여금 각각 다른 방언으로 말하게 하시는 것이었습니다.

"저희가 다 성령의 충만함을 받고 성령이 말하게 하심을 따라 다른 방언으로 말하기를 시작하니라"(행 2:4).

성령 받은 사람들은 자기 생각이 아니라 성령의 생각을 말합니다. 때로는 그것이 방언으로 표현되기도 합니다. 오순절에 성령 받은 이들은 성령의 말하게 하심을 따라 다른 방언을 말했습니다. 당시 천하 각국으로부터 와서 예루살렘에 머물던 사람들은 성령 받은 이들이 말할 때 각각 자기 나라 말로 알아들었습니다. 그곳에 있던 사람들은 방언을 처음 말하는 사람들이나 듣는 사람들이나 놀라지 않을 수 없었습니다.

우리는 이런 상상을 해볼 수 있습니다. 백이십 명의 사람들이 다락방에서 기도를 했으니 엄청 시끄러웠겠지요. 위에서 불이 내려오고, 급하고 강한 바람 같은 소리도 가득했습니다. 그곳에서 열광적으로 기도하던 사람들이 정신없이 길거리로 뛰어나갔을 것입니다. 그리고 기쁨에 들떠 만나는 사람마다 붙잡고 그 놀라운 이야기를 전했을 것입니다. 자기 의지로 말하기보다는 성령이 시키시니까 말했겠지요. 그런데 놀랍게도 그들이 각각 다른 나라 언어로 말하니 듣는 사람들이 얼마나 놀랐겠습니까!

"이 소리가 나매 큰 무리가 모여 각각 자기의 방언으로 제자들의 말하는 것을 듣고 소동하여 다 놀라 기이히 여겨 이르되 보라 이 말하는 사람이 다 갈릴리 사람이 아니냐"(행 2:6-7).

사람들이 각각 자기 나라 말로 들은 후의 반응이 세 가지로 표현되어 있습니다. 첫 번째, '소동'이 일어났습니다. 소동이라는 말은 혼돈(confusion)을 뜻합니다. 사람들이 일대 혼돈에 빠졌다는 말입니다. 예상 밖의 일, 상상치 못한 일, 상식에 맞지 않는 일, 불가능한 일이 일어난 바로 그 현장에서 사람들 모두 혼돈에 빠진 것입니다.

두 번째, '다 놀랐다'고 했습니다. 아무도 해석할 수 없는 이 엄청난 일 앞에 사람들은 이게 무슨 일인가 하여 놀랐습니다.

세 번째, '기이히 여겼다' 고 했습니다. 보통과 다를 뿐 아니라, 기적이 일어났다고 느낀 것입니다.

제자들이 말할 때 사람들이 자신의 '난 곳 방언' 을 들었다고 했습니다. "우리가 우리 각 사람의 난 곳 방언으로 듣게 되는 것이 어찜이뇨"(행 2:8). 이것은 무엇을 의미합니까?

첫째, 인간의 교만과 불신앙의 상징이었던 바벨탑 사건에서 회복되었다는 것을 의미합니다. 인간들이 하나님처럼 되려고 하자 하나님이 언어를 나누어 혼란케 만드신 것이 바로 바벨탑 사건입니다. 언어가 혼잡하게 되었다는 것은 의사소통이 단절되었다는 것이며, 의사소통의 단절이란 인간 사이의 교제가 단절되었다는 것을 의미합니다.

인간은 바벨탑 사건 이후 오랫동안 언어와 역사가 서로 다른 이질적인 문화 속에서 혼돈을 겪으며 살아오다가 드디어 오순절날 처음으로 언어가 회복된 것입니다. 오늘날 우리 안에 있는 모든 문화적 갈등, 언어의 갈등을 비롯하여 다른 모든 갈등도 사라지면 좋겠습니다. 성령이 임하실 때, 사람들은 언어의 장벽과 바벨탑 사건을 뛰어넘어서 각각 자기 나라 말로 알아들을 수 있게 되었습니다.

둘째, '난 곳 방언으로 듣게' 된 이 성령의 역사는 복음이 동서남북 전 세계로 퍼져 나간다는 것을 의미합니다. "우리는 바대인과 메대인과 엘람인과 또 메소보다미아, 유대와 가바도기아, 본도와 아시아, 브루기아와 밤빌리아, 애굽과 및 구레네에 가까운 리비야 여러 지방에 사는 사람들과 로마로부터 온 나그네 곧 유대인과 유대교에 들어온 사람들과 그레데인과 아라바아인들이라 우리가 다 우리의 각 방언으로 하나님의 큰일을 말함을 듣는도다 하고"(행 2:9-11).

여기 보면 온갖 나라의 이름들을 복잡하게 일일이 기록해 놓았는데, 그 이유가 무엇일까요? 적당히 몇 개만 기록해도 될 텐데 모두 기록해 놓은 데에는 이유가 있습니다. 당시의 세계관으로 보면 여기에 기록된 나라가 전 세계의 모든 민족과 언어와 나라를 대표하고 있습니다. 성령의 역사란 어떤 개인이나 민족에게 국한되는 것이 아니라 이처럼 전 세계를 포괄합니다. 하나님의 공동체는 지역과 민족과 언어와 나라를 초월합니다.

기도는 놀라운 능력입니다. 기도할 때 우리 삶에 놀라운 일이 일어납니다. 그리고 능력 있는 기도는 성령이 인도하시는 대로 하는 기도입니다. 지금 성령은 당신에게 무엇을 기도하게 하십니까?

8. 중보 기도는 세상에서 가장 고귀한 행동입니다

"주의 종이 내 아비에게 아이를 담보하기를 내가 이를 아버지께로 데리고 돌아오지 아니하면 영영히 아버지께 죄를 지리이다 하였사오니 청컨대 주의 종으로 아이를 대신하여 있어서 주의 종이 되게 하시고 아이는 형제와 함께 도로 올려 보내소서"(창 44:32-33).

유다는 지금 자기 생명을 내주는 아름다운 청원을 하고 있습니다. 중보 기도의 비밀이 여기 있습니다. 우리의 중보 기도가 메마른 이유가 무엇일까요? 또 우리의 사랑이 늘 목마른 이유가 무엇일까요? 생명과 바꾸는 중보 기도가 아니기 때문에 그렇습니다. 생명을 바꾸는 사랑이 아니기 때문에 그렇습니다. 생명과 바꾸는 중보 기도를 하십시오.

우리는 대부분 대가를 지불하지 않고 손해 안 보는 기도만 하려고 합니다. 시간 내서 만나고, 기도해 주는 것으로 만족하거나 자부심을 느낍니다. 그러나 거기에는 능력이 없습니다. 중보 기도는 명상이 아닙니다. 자기 정화를 위한 것이 아닙니다. 중보 기도에는 대가를 치러야 하는 절규가 있습니다. 십자가를 붙들고 순교하는 것과 같은 심정으로 하는 중보 기도만이 내 가정과 교회를 살리고 민족을 살릴 수 있습니다.

참된 중보 기도는 생명을 걸고 하는 기도입니다. 우리는 변화된 유다의 모습에서 예수님의 중보 기도를 떠올릴 수 있습니다. "아버지여 저희를 사하여 주옵소서 자기의 하는 것을 알지 못함이니이다"(눅 23:34).

한편 예수님의 족보에 오른 유다의 고백에서 예수님의 마음을 읽습니다. "제가 대신 죽겠습니다." 만약 우리가 예수님과 유다처럼 "제 생명을 거둬 주십시오"라고 기도한다면 얼마나 두렵고 떨리겠습니까? 그러나 그런 마음으로 하는 기도가 진정한 중보 기도입니다. 조금씩 시작해 보십시오.

우리가 기도를 많이 하는데도 능력이 없다면, 그것은 생명을 걸지 않았기 때문입니다. 습관적인 기도, 형식적으로 읊는 염불 같은 기도를 계속했기 때문입니다. 내가 희생하고 손해 보는 일은 절대로 하지 않고 내게 이익되는 일만 생각하기 때문에 그렇습니다.

당신은 생명을 거는 기도를 해 본 적이 있습니까? 기도가 진지하지 않은 사람은 인생이 진지하지 않습니다. 우리 모두 이 땅에 사는 동안 이런 진지한 기도를 할 수 있어야겠습니다. 생명을 거는 기도만이 생명을 살릴 수 있습니다.

2. 왜 기도해야 해나요?

하나님을 만나려면 기도해야 합니다
기도하지 않는 신앙은 가짜입니다
기도하지 않으면 상처를 줍니다
기도는 사랑의 증거입니다
예수님이 기도하시니 우리도 기도합니다
기도할 때 예수님의 위로를 경험합니다
기도 생활의 성공이 인생의 성공입니다
교회는 기도하는 집입니다
선교도, 교회 개척도 기도로 이루어집니다
기도하는 사람은 위기에도 흔들리지 않습니다

1. 하나님을 만나려면 기도해야 합니다

오순절 성령 강림 사건은 그야말로 흥분의 도가니였습니다. 이후 베드로의 설교를 듣고 하루에 삼천 명이나 회심하는 사건도 일어났습니다. 그러나 사도들은 계속 열광과 흥분 상태에만 빠져 있지 않았습니다. 그들은 그 이후에 시간을 정해 놓고 경건 생활에 힘썼습니다. 그것은 매우 주목할 만한 일입니다. 그들은 놀라운 흥분과 열광과 감동을 경험했음에도 매일 시간을 정해 놓고 체계적으로 훈련을 받고, 말씀을 공부하며, 기도 생활을 했습니다.

"제구시 기도 시간에 베드로와 요한이 성전에 올라갈새"(행 3:1).

유대인들은 일반적으로 하루에 세 번씩, 즉 오전 9시, 오후 3시, 그리고 해질 무렵, 이렇게 시간을 정해 놓고 기도하면서 하루 종일 하나님을 생각했습니다. 아침에 기도하는 것은 비교적 쉽습니다. 저녁에 모든 일을 마치고 기도하는 것도 그리 어려운 일은 아닙니다. 그러나 일하는 도중인 오후 3시에 기도하는 일은 쉽지 않습니다. 오후 3시에 기도했다는 것은 그들의 생각 속에 항상 하나님이 있었다는 것을 보여 줍니다.

연애하는 사람들을 보면 무슨 일을 하든지 마음속에 연인에 대한 생각을 품고 있습니다. 일을 할 때도, 밥을 먹을 때도, 길을 걸을 때도 항상 연인을 생각합니다. 마찬가지로 우리가 정말 하나님을 사랑한다면 어떤 일을 해도, 어떤 것을 보아도, 어떤 곳을 가도 하나님 생각이 저절로 날 것입니다. 우리 마음에 늘 하나님을 담고 있을 것입니다. 자신도 모르는 사이에 하나님에 대해 이야기하고 있는 자신을 발견하게 될 것입니다.

베드로와 요한이 그랬습니다. 그들은 하루 종일 하나님을 생각했습니다. 그러면서도 따로 시간을 내어 기도했습니다. 특히 매일 오후 3시(유대의 9시)에 기도하기 위해 성전에 올라갔습니다. 구약 시대에도 이렇게 시간을 정해 놓고 기도한 사람이 있었습니다. 다니엘입니다.

다니엘은 하루에 세 번씩 시간을 정해 놓고 하나님께 기도하는 약속을 지켰습니다. 세상을 살아가며 우리는 여러 가지 약속을 합니다. 어떤 약속은 해 놓고도 지키지 않습니다. 아마도 대통령과 약속해 놓고서 지키지 않는 사람은 없을 것입니다. 그러면서도 하나님과의 약속은 쉽게 어기는 사람이 많습니다.

시간을 정해 놓고 정기적으로 하나님을 만난다면 그 사람은 하나님의 사람임에 틀림없습니다. 그러나 불규칙하게 하나님을 생각한다면 그 사람은 입으로만 하나님을 사랑하는 사람입니다. 그런 사람을 하나님의 사람이라고 말할 수 없습니다. 하나님과 매일 시간 약속을 해 놓고 기도하는 것은 신앙 생활에 있어서 무엇보다도 중요한 일입니다.

2. 기도하지 않는 신앙은 가짜입니다

기도는 한 사람의 신앙을 결정합니다. 어떤 기도를 드리느냐가 어떤 신앙을 갖느냐를 결정합니다. 무신론자들에게는 기도가 없습니다. 그들에게는 기도할 대상이 없습니다. 무신론자의 최대 고민은 죽을 때 영혼을 위탁할 데가 없다는 것입니다. 무신론자들은 기도할 내용도 없고 기도할 대상도 없습니다.

교회를 나오고 하나님을 믿는 사람들 중에도 기도를 안 하는 사람들이 있습니다. 교회에 와서 설교를 듣고 예배를 드려도 기도는 안 하는 사람들이 있습니다. 이런 사람들은 형식적으로 하나님을 믿는 사람들입니다. 진정으로 하나님을 믿고 있는 사람들이 아닙니다.

진심으로 하나님을 믿는 사람이 어찌 하나님을 생각하지 않겠습니까? 하나님을 믿는 것이 하나의 관념이요 습관이요 이상에 불과하면 안 됩니다. 부부가 같이 사는데 어찌 남편이 자기 아내를 매일 생각하지 않겠습니까? 낮에 직장에서는 아내가 있다는 사실을 잊고 있다가 퇴근하고 집에 가서야 '아! 나에게 아내가 있었구나' 라고 생각하는 사람이 있다면 큰일입니다.

하나님을 믿는다는 것은 하나님이 계시다는 것을 믿고, 그분과 항상 대화를 나누는 것입니다. 기도하지 않고 하나님을 믿을 수 있다는 것은 거짓말입니다. 하나님과 주고받는 대화 없이 그분을 믿는다는 것은 관념일 뿐입니다. 하나의 철학, 하나의 지식에 불과합니다. 그것은 신앙이 아닙니다. 거짓 종교는 거짓 기도를 하고, 참 종교는 참 기도를 합니다. 잘못된 기도는 잘못된 신앙을 낳고, 참된 기도는 참된 신앙을 낳습니다.

기도란 신앙의 자화상입니다. 기도를 잘하는 비결은 하나님을 바라보며 그분을 늘 생각하는 데 있습니다. 혹 서투르더라도 오늘부터 당장 시작하십시오. 기도는 하나님과 맺는 생명의 관계요, 신앙의 살아 있는 교제요, 하나님과 나누는 사랑의 대화입니다. 따라서 기도 속에는 하나님의 위로와 능력과 치료가 있습니다.

3. 기도하지 않으면 상처를 줍니다

우리는 여러 가지 이유로 기도를 게을리 할 때가 있습니다. 기도하지 않으면 어떤 일이 생깁니까? 기도해야 할 때 기도하지 않고 잠을 잤던 베드로를 통해 기도하지 않는 사람의 전형적인 모습을 볼 수 있습니다.

예수님은 십자가 죽음을 앞두고 겟세마네 동산에서 땀방울이 핏방울이 되도록 기도하셨습니다. 그런데 그때 겟세마네 동산에 같이 갔던 베드로는 예수님이 기도하시는 동안 피곤을 이기지 못하고 다른 두 제자들과 함께 잠이 들었습니다. 예수님이 세 번이나 깨워 주셨지만 예수님이 기도를 다 마치실 때까지 깨어 있지 못했습니다.

결국 제대로 깨어 기도하지 않았던 베드로는 사고를 치고 맙니다. 예수님을 잡아가려고 유다와 함께 칼과 몽치를 들고 온 무리 중 한 사람을 다치게 한 것입니다. "예수와 함께 있던 자 중에 하나가 손을 펴 검을 빼어 대제사장의 종을 쳐 그 귀를 떨어뜨리니"(마 26:51). 여기서 '예수와 함께 있던 자'는 베드로를 말합니다(요 18:10 참조).

위기 상황이 벌어졌습니다. 그러자 베드로는 자신도 모르게 칼을 뽑아서 순식간에 앞에 있는 사람의 귀를 내리쳤습니다. 이는 베드로가 성격이 급해서 저지른 일이기도 하지만, 깨어 기도하지 않아 하나님의 뜻을 분별하지 못해 초래한 결과이기도 합니다.

깨어 기도하지 않는 사람은 위기 상황이 닥치면 하나님의 뜻을 분별하지 못하고 베드로처럼 충동적인 행동을 하게 됩니다. 기도하지 않는 사람은 기도하는 사람보다 충동적인 행동을 하는 경우가 훨씬 많습니다. 기도하지 않는 사람은 즉흥적이고 본능적인 행동을 하기 쉽습니다. 영적으로 민감하지 못하기 때문입니다.

요즘 당신의 행동은 어떻습니까? 혹시 충동적이지 않습니까? 언어 사용은 어떻습니까? 충동적으로 말하면 상대방이 상처받기 쉽습니다. 사람과 관계를 맺을 때는 어떻습니까? 성급하게 본능적이고 인간 중심적인 판단을 따라 평가하지는 않습니까? 이 역시 상대방에게 상처를 줍니다. 기도하지 않는 사람은 충동적인 행동으로 사람들에게 상처를 주기 쉽습니다.

그러므로 우리는 깨어 기도해야 합니다. 기도하는 사람은 말 한마디를 하더라도 성령이 주시는 말을 합니다. 기도하고 성령에 의한 말을 하면 상대방이 치료를 받습니다.

지금이라도 오늘 하루 기도하지 않고 즉흥적으로 혹은 충동적으로 한 행동이나 말이 있다면 다 취소하고 사과하십시오. 기도하지 않고 충동적으로 하는 말, 충동적으로 한 행동은 사람에게 상처를 주고 무서운 결과를 낳는다는 사실을 잊지 마십시오.

"급한 마음으로 노를 발하지 말라 노는 우매자의 품에 머무름이니라"(전 7:9).

4. 기도는 사랑의 증거입니다

사도 바울은 이방인이 복음을 받아들이고 정작 이스라엘은 예수님을 배척하는 현실을 볼 때 너무 마음이 아파 자신이 저주를 받더라도 이스라엘이 구원받기를 간절히 바란다는 고백을 했습니다.

"나의 형제 곧 골육의 친척을 위하여 내 자신이 저주를 받아 그리스도에게서 끊어질지라도 원하는 바로라"(롬 9:3).

"하나님, 제가 저주를 받아도 좋습니다. 제가 그리스도에게서 떨어져도 좋습니다. 저의 조국, 저의 민족 이스라엘을 구원해 주십시오." 이것이 사도 바울의 진정한 마음이었습니다.

자기 민족으로 인해 상한 바울의 심정은 로마서 9장에 이어 10장에서도 엿볼 수 있습니다. 하지만 그 상한 심정이 9장과 10장에서 각각 조금씩 다르게 표현되었습니다.

“내가 그리스도 안에서 참말을 하고 거짓말을 아니하노라 내게 큰 근심이 있는 것과 마음에 그치지 않는 고통이 있는 것을 내 양심이 성령 안에서 나로 더불어 증거하노니”(롬 9:1–2). 사도 바울은 자신에게 너무나 기막힌 고통, 고난, 근심이 있었다고 말합니다. 이런 자신의 상한 심령, 고난의 얘기를 계속하는데 10장에서는 이렇게 얘기합니다. “형제들아 내 마음에 원하는 바와 하나님께 구하는 바는 이스라엘을 위함이니 곧 저희로 구원을 얻게 함이라”(롬 10:1). 사도 바울은 자신의 마음이 원하는 바, 하나님에게 간절히 구하는 바는 이스라엘의 구원이라고 고백하고 있습니다.

처음에는 바울에게 근심이고 고통이었던 것이 하나님에게 드리는 기도로 바뀌는 것을 볼 수 있습니다. 누군가를 사랑하면 그를 위해 기도하게 됩니다. 사랑이 진정한 것인지 아닌지는 기도하는지 안 하는지를 보면 압니다. 우리가 그 사람 앞에서 아무리 좋은 말을 해도 그를 위해 기도하지 않는다면 사랑하지 않는 것입니다. 참으로 사랑하면 저절로 상대를 위해 기도하게 됩니다.

“하나님 아버지, 이스라엘을 버리지 마십시오. 포기하지 마십시오. 기다려 주십시오. 한 번만 더 기다려 주십시오. 이스라엘은 매를 맞더라도 돌아오게 될 것입니다.” 이것이 사도 바울의 마음이었습니다. 이것은 집나간 자식을 기다리는 부모의 마음과 같은 것이었습니다. 이것은 범죄로 인해 사형 선고를 받아 오늘 그 인생이 끝나는 자식을 바라보는 부모의 애통하는 마음과 같은 것이었습니다.

우리는 여기서 복음을 맛본 자, 복음을 깨달은 자, 복음을 체험한 자의 영적 태도를 볼 수 있습니다. 참으로 복음을 안다면, 참으로 예수님을 안다면, 한 영혼이라도 구원하고 싶은 구원의 열정이 우리 안에 있어야 합니다. 그 구원의 열정으로 영혼을 사랑하여 끊임없이 하나님에게 나아가는 기도의 열정이 있어야 합니다.

당신 안에는 죽어 가는 영혼, 버림받은 영혼, 심판받을 영혼에 대한 안타까운 마음이 있습니까? 당신 안에 이 마음이 있어야 합니다. 그 대상이 누구든지 간에, 그를 향해 예수님의 마음, 하나님의 마음 그리고 바울이 가졌던 영혼을 사랑하는 마음과 기도가 당신 안에 있기를 바랍니다.

5. 예수님이 기도하시니 우리도 기도합니다

예수님은 부활하시고 승천하셔서 지금도 하나님 우편에서 우리를 위하여 기도하고 계십니다. "누가 정죄하리요 죽으실 뿐 아니라 다시 살아나신 이는 그리스도 예수시니 그는 하나님 우편에서 계신 자요 우리를 위하여 간구하시는 자시니라"(롬 8:34).

성령님도 우리의 연약함을 도와주실 뿐만 아니라 우리가 기도할 수 없을 때, 어떻게 기도해야 할지 모를 때, 말할 수 없는 탄식으로 우리를 위하여 친히 기도하십니다. "이와 같이 성령도 우리 연약함을 도우시나니 우리가 마땅히 빌 바를 알지 못하나 오직 성령이 말할 수 없는 탄식으로 우리를 위하여 친히 간구하시느니라 마음을 감찰하시는 이가 성령의 생각을 아시나니 이는 성령이 하나님의 뜻대로 성도를 위하여 간구하심이니라"(롬 8:26-27).

예수님은 하나님 우편에서 우리를 위해 기도하십니다. 내 안에서는 성령님이 기도하십니다. 나 한 사람을 위해 예수님이 기도하시고 성령님이 기도하신다는 이 사실은 얼마나 감격스럽고 놀라운 일인지요. 그리고 얼마나 많은 위로와 용기를 주는지요. 예수님과 성령님은 하나이십니다. 두 분은 한 생각을 갖고 계십니다. 성령님은 우리를 위해 대신 기도해 주십니다. 예수님은 하나님 우편에서 우리를 위해 기도하고 계십니다. 이렇게 하늘과 땅에서 우리를 위해 기도하십니다.

십자가에서 돌아가신 예수님, 부활하신 예수님, 지금도 하나님 우편에 계셔서 우리를 위해 주무시지도 졸지도 않고 기도하시는 예수님이 계십니다.

"여호와께서 너로 실족지 않게 하시며 너를 지키시는 자가 졸지 아니하시리로다 이스라엘을 지키시는 자는 졸지도 아니하고 주무시지도 아니하시리로다"(시 121:3-4).

예수님은 승천하신 이후, 지상의 모든 사역이 끝났다고 안식하고 계신 것이 아니라, 하나님 우편에서 유일한 중보자로서 우리를 위해 지금도 기도하고 계십니다. 잠시도 쉬는 일이 없으십니다. 이 사실을 믿기 바랍니다. 이 말씀을 마음에 새기기 바랍니다. 어렵고 힘들고 고통스럽고 오해를 사고 모함을 받고 분할 때 이 사실은 우리에게 능력이 될 것입니다.

6. 기도할 때 예수님의 위로를 경험합니다

은혜와 권능이 충만했던 스데반은 복음을 전하다가 공회에 고소를 당했습니다. 자신을 죽이려고 서슬이 퍼런 핍박자들에게 둘러싸여 있던 스데반은 하늘을 우러러 하나님의 영광의 빛을 보았습니다. 그리고 그 찬란한 하나님의 영광 속에서 하나님 우편에 서 계신 예수 그리스도를 보았습니다.

"스데반이 성령이 충만하여 하늘을 우러러 주목하여 하나님의 영광과 및 예수께서 하나님 우편에 서신 것을 보고"(행 7:55).

스데반은 돌에 맞아 죽어 가면서 하나님 우편에 서 계신 그리스도를 보았습니다. 아마 하나님 우편에 서 계신 예수님은 금방 뛰어오실 것 같은 표정으로 스데반을 보고 계셨을 것입니다. 핍박자들이 던진 돌에 맞아 머지않아 숨을 거두게 될 스데반을 사랑의 눈길로 보고 계셨을 것입니다. 스데반은 바로 그 모습을 본 것입니다. 그분을 만난 것입니다.

이스라엘이 애굽에서 사백 년 동안 종살이할 때도 하나님은 자기 백성이 처한 형편을 하나도 놓치지 않고 다 보셨습니다. 보시면서 하나님도 우셨을 것입니다. 사랑하는 자녀들이 핍박받고, 고생하고, 어려움당하는 것을 보시면서 눈물 흘리셨을 것입니다. 지금 예수님도 우리를 보시면서 그런 심정이실 것입니다. 예수님은 우리의 아픔, 우리의 한숨을 알고 계십니다. 그 속에서 눈물 흘리는 우리를 예수님도 눈물 흘리시며 보고 계십니다. 예수님이 영광 가운데 서 계셨다는 것은 바로 그런 뜻입니다.

예수님은 하나님의 영광의 광채 속 하나님 보좌 곁에서 부모의 심정을 가지고 우리를 위해 울면서 기도하고 계십니다. 우리를 위해, 우리 가정을 위해, 우리의 직장과 캠퍼스를 위해 예수님이 기도하며 울고 계십니다.

어떤 경우에도 하나님이 당신을 외면하셨다고 말하지 않기 바랍니다. 고난이 깊은 때일수록 주님은 당신과 더 가까이 계십니다. 주님이 당신을 떠났다고 생각될 때, 주님은 당신과 제일 가까운 곳에서 당신을 위해 기도하고 계십니다. 우리가 기도하면 우리를 위해 기도하시는 예수님의 위로를 경험할 것입니다.

7. 기도 생활의 성공이 인생의 성공입니다

사방으로 두루 다니며 복음을 전하던 베드로가 하루는 기도하기 위해 지붕에 올라갔습니다. 그때는 정오쯤 되었습니다. 우리 나라 주택에 비추어 볼 때 지붕에서 기도한다는 것이 잘 이해가 안 되지만, 유대 지역의 집 지붕은 편편해서 올라가 기도하기에 알맞습니다.

기도하러 올라간 시간이 정오였으니 베드로는 배가 고팠을 것입니다. 그때 다른 사람들은 음식을 준비하고 있었습니다. 기도하는 베드로에게 음식 냄새가 풍겼을 것입니다. 바로 그런 순간에 기도하던 베드로의 눈앞에 그릇이 하나 나타났습니다.

"이튿날 저희가 행하여 성에 가까이 갔을 그때에 베드로가 기도하려고 지붕에 올라가니 시간은 제육시더라 시장하여 먹고자 하매 사람이 준비할 때에 비몽사몽간에 하늘이 열리며 한 그릇이 내려오는 것을 보니 큰 보자기 같고 네 귀를 매어 땅에 드리웠더라"(행 10:9-11).

그리고 음성이 들리기를 "일어나 잡아 먹으라" 하였습니다. 그러나 베드로의 눈앞에 나타난 음식은 도저히 먹을 수 없는 짐승들이었습니다. 베드로는 속된 음식이라며 먹지 않았지만, 그에게 들리는 음성은 "하나님이 깨끗게 하신 것을 속되다 하지 말라"고 하였습니다. 베드로는 이 환상을 통해 이방인을 향한 하나님의 뜻을 깨닫고 이방인 고넬료의 초청을 받아들였습니다. 그리고 고넬료뿐 아니라 그의 가족과 주위 사람들까지 구원을 얻도록 복음을 전했습니다.

이 모든 일의 시발점은 기도였습니다. 베드로가 기도했을 때 하나님은 환상을 보여 주셨고, 환상을 통해 하나님의 뜻을 계시하셨습니다. 그리고 베드로는 순종하여 하나님의 뜻을 이루었습니다.

우리는 이 장면을 통해 기도하는 사람에게 역사가 일어난다는 사실을 발견하게 됩니다. 하나님은 우리가 기도할 때 당신의 뜻을 계시하십니다. 베드로도 기도할 때 하나님의 뜻을 볼 수 있었습니다.

베드로를 생각하면, 아주 활발하게 활동하고, 기적을 일으키는 능력이 있고, 설교도 잘하고, 담대한 사람이라는 이미지가 떠오릅니다. 실제로, 베드로는 앉은뱅이를 일으켰고 죽은 사람을 살리는 기적을 일으켰습니다. 베드로는 정말 용감하고 위대한 사람입니다. 그런데 우리가 여기서 알아야 할 중요한 사실이 하나 있습니다. 그것은 베드로가 능력의 사람이

기 전에 기도의 사람이었다는 것입니다.

예수님은 어떠신가요? 예수님은 많은 기적과 능력을 행하셨습니다. 그로 인해 수많은 무리가 예수님을 따랐습니다. 예수님은 문둥병자를 고치셨고, 앉은뱅이를 일으키셨고, 장님을 눈뜨게 하셨고, 귀신 들린 사람에게서 귀신을 쫓아내 주셨고, 광풍을 말씀 한마디로 잠잠하게 하셨고, 물 위를 걸으셨고, 죽은 자를 살리셨습니다. 예수님의 생애를 보면 이런 위대한 사역들이 셀 수 없이 많습니다.

이런 예수님의 위대한 사역 뒤에도 기도가 있었다는 사실을 조금만 주의 깊게 살펴보면 알 수 있습니다. 예수님의 그 위대한 사역 뒤에는 하나님과 개인적으로 대면하는 경건의 시간이 있었습니다. 기도의 시간이 있었습니다.

예수님이 떡 다섯 개와 물고기 두 마리로 오천 명을 먹이고도 열두 광주리를 남기는 기적을 일으키시자, 사람들은 예수님을 자기들의 왕으로 삼으려 했습니다. 그때 예수님은 사람들을 피하시고, 심지어 제자들까지도 먼저 보내시고 나서 기도하시려고 홀로 산으로 올라가셨습니다(마 14:23). 예수님은 기적을 일으키시기 전에도 기도하셨지만, 기적을 행하시고 난 후에도 기도하셨습니다.

사도 바울도 여러 차례 전도 여행을 하면서 많은 사역을 했는데, 늘 먼저 기도했습니다. 사도행전 16장을 보면, 사도 바울이 기도처를 찾으러 가다가 루디아라는 여인을 만납니다. 그가 처음부터 마음먹고 빌립보 교회를 세우려 한 것이 아닙니다. 기도하러 가다가 루디아를 만나 복음을 전했고, 그 집에서 예배를 드린 것이 빌립보 교회의 시초가 되었습니다.

이렇듯, 위대한 신앙 선배들의 삶과 사역에는 언제나 기도가 있었습니다. 하나님은 기도하는 사람과 일하십니다. 능력만 있는 사람, 자기 열심으로 믿는 사람, 큰 비전을 가진 사람과 일하시는 것이 아니라, 기도하는 사람과 일하십니다. 아무리 능력 있고, 돈 있고, 열심 있고, 많은 것을 헌신했다 할지라도 기도하지 않는 사람과는 같이 일하시지 않습니다. 거듭 강조합니다만, 하나님은 기도하는 사람과 일하십니다.

그리스도인에게는 얼마나 많은 일을 하느냐보다 더 중요한 것이 있습니다. 얼마나 기도 생활을 잘하느냐가 그것입니다. 우리의 성공과 실패의 기준은 기도에 있습니다. 얼마나 기도를 잘하느냐로 신앙의 성공과 실패를 가늠할 수 있는 것입니다.

8. 교회는 기도하는 집입니다

다윗은 하나님의 집을 짓고 싶어 했지만 짓지 못했습니다. 그는 하나님의 집을 지을 준비만 할 수 있었고, 그를 뒤이은 솔로몬이 하나님의 집을 지었습니다. 솔로몬이 하나님의 집을 짓고 나서 이런 기도를 드립니다.

"하나님, 하나님은 집보다 크신 분이 아니십니까? 하지만 이 집은 다윗과 약속하시고 하나님을 위하여 지은 집이오니 이 집에서 기도하는 것은 다 들어 주십시오. 죄인이 와서 기도하면 용서해 주시고, 병든 자가 와서 기도하면 병을 고쳐 주십시오. 지진이 나고 기근이 오고 땅이 황폐케 될 때 비를 주시고 응답해 주십시오. 전쟁이 일어났을 때 그 모든 기도를 응답해 주시고, 이방인이 와서 기도할 때도 들어 주십시오. 하나님, 이곳에서 하는 기도와 간구를 들으시고 돌아보옵소서"(왕상 8:22-53 참조).

솔로몬의 이 기도를 읽으면 용기가 생깁니다. 이 기도문을 보면, 하나님은 교회의 제단에서 기도하는 사람의 기도를 다 들어 주시고, 응답하시는 분입니다.

교회는 원래 기도하는 곳입니다. 우리가 열심히 기도하면 사람들이 와서 그곳을 '교회' 라고 합니다. 그러나 기도하지 않고 세미나만 하면 '학교' 로 여길 것입니다. 구제만 열심히 하면 사회복지 시설 정도로 생각할 뿐 교회를 잘 느끼지 못할 것입니다.

예수님도 이 땅에 계실 때 성전에서 매매하는 사람들을 향해 꾸짖으시며 "내 집은 기도하는 집이다" 라고 선언하셨습니다(마 21:13). 주의 성전에서 기도하는 것은 복된 일입니다. 어디서나 기도할 수 있지만, 주의 성전에서 더욱 기도하십시오.

"주의 집에 거하는 자가 복이 있나이다 저희가 항상 주를 찬송하리이다"(시 84:4).

9. 선교도, 교회 개척도 기도로 이루어집니다

바울 일행이 유럽의 관문인 빌립보에 전도하러 갔을 때, 며칠 동안은 아무 일도 일어나지 않았습니다. 사람을 만나야 하는데 그들은 누구를 만나야 할지 몰랐습니다. 무슨 일을 해야 할지도 몰랐습니다. 그러다가 안식일이 되었습니다. 안식일이 되어 기도하기 위해 회당을 찾았습니다. 그러나 그곳에는 회당이 없었습니다. 당시 유대인들은 어디를 가나 열 명만 모이면 회당을 만들었는데, 그곳에는 그 정도의 유대인도 없었나 봅니다.

"안식일에 우리가 기도처가 있는가 하여 문밖 강가에 나가 거기 앉아서 모인 여자들에게 말하더니 두아디라 성의 자주 장사로서 하나님을 공경하는 루디아라 하는 한 여자가 들었는데 주께서 그 마음을 열어 바울의 말을 청종하게 하신지라 저와 그 집이 다 세례를 받고 우리에게 청하여 가로되 만일 나를 주 믿는 자로 알거든 내 집에 들어와 유하라 하고 강권하여 있게 하니라"(행 16:13-15).

"안식일에 우리가 기도처가 있는가 하여…." 이는 참으로 귀한 말입니다. 선교란 기도하다가 이루어지는 사건입니다. 누가 어떤 일을 만들어서 이루어지는 것이 아니라 기도하다가 이루어지는 열매들이 선교입니다.

바울 일행은 기도처가 있는지 찾아다니다가 성문 밖에 있는 강가까지 가게 되었습니다. 그들은 거기서 모여 있는 여자들을 만났고, 그 여자들에게 말을 붙였습니다. 그러다가 그들에게 복음을 전했습니다. 그 많은 여자들 중에서 특히 두아디라 성의 자주 장사, 즉 옷 장사를 하는 루디아가 마음을 열어 바울의 말을 청종하였습니다. 하나님이 이 여자의 마음 문을 열어 주시고 그녀에게 들을 귀를 주신 것입니다.

복음을 들은 루디아는 기쁨이 충만했습니다. 구원의 기쁨이 충만했던 루디아는 바울에게 간곡히 말했습니다. "저를 예수 그리스도를 믿는 자라고 생각하신다면 저희 집에 머무십시오. 그리고 말씀을 가르쳐 주십시오." 이렇게 하여 세워진 것이 빌립보 교회입니다.

바로 여기에 교회를 개척하는 방법이 있습니다. 기도하다가 자연스럽게 생기는 것이 교회입니다. 돈으로 땅을 사고 집을 짓는다고 해서 교회가 세워지는 것이 아닙니다. 교회는 그렇게 해서 세워지는 것이 아닙니다. 하나님의 교회 하나님의 선교는 기도하다가 이루어지는 것입니다.

10. 기도하는 사람은 위기에도 흔들리지 않습니다

예수님은 십자가 죽음을 앞두고 겟세마네 동산에 가셨습니다. 기도하기 위해 가셨습니다. 예수님도 십자가를 지시려면 기도가 필요했던 것입니다. 그분도 기도하지 않고서는 십자가를 지실 수가 없었습니다. 십자가를 지시기 위한 최대의 준비요, 최후의 준비요, 유일무이한 준비는 기도였습니다. 예수님도 큰일을 앞두시고 기도가 필요했는데, 이 악한 세상을 살아가는 우리는 얼마나 더 기도가 필요하겠습니까?

우리는 살다가 무슨 일을 만날는지 모릅니다. 우리 중 누군가는 어느 날 갑자기 암 선고를 받을 수도 있습니다. 한창 나이에 앞으로 삼 개월 정도밖에 살 수 없다는 시한부 인생 선고를 받을 수도 있습니다. 생각지도 못했던 환경의 폭풍우 속에 말려들어 도저히 혼자 힘으로는 그 사태를 감당 못할 상황에 처할 수도 있습니다. 사업이 망해 주위 사람들이 하나둘 떠날 수도 있고, 믿었던 사람들에게 배신을 당할 수도 있습니다. 인간은 언제든, 누구나 자신의 인생 전체가 무너지는 것 같은 위기 앞에 설 수 있는 것입니다.

이런 상황에 맞닥뜨리면 대부분의 사람들은 좌절하고 원망하거나, 두려움으로 무기력해집니다. 그러나 기도하는 사람은 어떤 고통이 찾아와도 두려워하지 않습니다. 기도하는 사람은 질병이나 고통이 찾아와도 패배자의 삶을 살지 않습니다.

세상일은 좋을 때도 있고 잘될 때도 있으며, 나쁠 때도 있고 안 될 때도 있습니다. 그럴 때마다 요동하는 것은 바람직한 신앙인의 모습이 아닙니다. 기도하는 사람은 위기 가운데 요동하지 않습니다. 예상치 못한 상황에 처하더라도, 심지어 죽음이 눈앞에 다가온다 하더라도 두려워하지 않습니다. 오히려 그럴 때마다 하나님의 영광이 그 가운데 있다는 사실을 믿고 기쁨과 감사의 찬양을 드리며 기도로서 하나님께 나아갑니다.

"만군의 주 여호와여 주를 바라는 자로 나를 인하여 수치를 당케 마옵소서 이스라엘의 하나님이여 주를 찾는 자로 나를 인하여 욕을 당케 마옵소서"(시 69:6).

3. 기도는 능력입니다

기도할 때 하나님의 섭리 안에 있게 됩니다
기도하는 사람은 세상일에 자유롭습니다
기도는 이성과 불신앙을 넘어섭니다
기도하는 사람이 역사를 움직입니다
형편없는 기도라도 하는 것이 낫습니다
최악의 상황, 그때가 바로 기도할 때입니다
기도의 비밀을 아는 자가 하나님의 자녀입니다
기도는 자아를 이기는 비밀 병기입니다
기도할 때 내가 변합니다
믿음의 기도는 하나님을 움직입니다

1. 기도할 때 하나님의 섭리 안에 있게 됩니다

만남이든 사건이든, 기도하지 않는 사람들은 그것을 우연이라고 생각합니다. 그러나 기도하는 사람들은 그것이 하나님의 응답이요 섭리임을 압니다.

어떤 사건을 만났을 때, 기도하지 않는 사람은 팔자라고 생각하지만 기도하는 사람은 하나님의 계획이요, 섭리라고 생각합니다. 기도하지 않는 사람은 그저 우연히 그렇게 되었다고, 혹은 재수가 좋거나 나빴다고 말하지만 기도하는 사람은 그 속에서 모든 일을 주관하시는 하나님의 섬세한 손길을 느낍니다. 예상했든 예상하지 못했든, 세상에 일어난 모든 일들은 사람이 조종하거나 우연히 일어난 것이 아니라 하나님의 철저한 계획 아래 이루어진 것이라고 믿습니다.

하나밖에 없는 아들 이삭을 바치라는 하나님의 명령 앞에 순종하던 아브라함을 보십시오. 아브라함이 이삭을 잡으려던 순간, 하나님은 그의 행동을 저지시키시고는 아브라함으로 하여금 눈을 돌려 제물로 삼을 수양을 발견하게 하십니다. "아브라함이 눈을 들어 살펴본즉 한 수양이 뒤에 있는데 뿔이 수풀에 걸렸는지라 아브라함이 가서 그 수양을 가져다가 아들을 대신하여 번제로 드렸더라"(창 22:13).

아브라함이 눈을 돌린 바로 그때, 수양 한 마리가 수풀에 뿔이 걸린 채 있었습니다. 이는 '우연'이 아니라 하나님의 '섭리'였습니다. 우리가 기도하면, 하나님은 아브라함에게 하셨던 것처럼 우리에게도 일상적으로 눈에 보이는 기적을 베푸실 것입니다. 우리를 향한 하나님의 계획, 하나님의 섭리가 우리 안에 이루어질 것이며, 우리의 뜻과 생각이 하나님의 섭리를 향하여 움직여 갈 것입니다. 바로 우리가 기도할 때 말입니다.

"우리가 알거니와 하나님을 사랑하는 자 곧 그 뜻대로 부르심을 입은 자들에게는 모든 것이 합력하여 선을 이루느니라"(롬 8:28).

2. 기도하는 사람은 세상일에 자유롭습니다

교회를 다닌다고 모두 참 그리스도인은 아닙니다. 기도하는 사람이 참 그리스도인입니다. 기도는 진정한 그리스도인과 거짓 그리스도인을 구별하는 중요한 기준 가운데 하나입니다. 삶 속에 기도가 없다면 그 사람은 진정한 그리스도인이라 할 수 없습니다.

기도할 때 우리는 언제나 하나님을 생각하게 됩니다. 기도는 사람에게 하는 것이 아니라 하나님에게 하는 것이기 때문에 기도하는 사람은 언제나 하나님을 생각합니다. "쉬지 말고 기도하라"는 뜻은 "쉬지 말고 하나님을 생각하라"는 뜻입니다. 하나님을 사랑해서 계속 그분을 생각하고 있다면 그것이 곧 기도입니다.

또한 기도할 때 우리는 천국을 생각하게 됩니다. 기도하는 사람은 세상을 생각하기보다 천국을 생각하는 사람입니다. 그는 죽음을 삶의 새로운 한 형태로 이해하여 죽음 저편에 있는 천국을 삶과 연결시켜서 생각합니다. 그러므로 그의 삶 속에는 날마다 천국이 있습니다. 또한 그는 하나님과 가까이 있기 때문에 세상일에 집착하지 않으며 세상일들을 필요 이상으로 심각하게 생각하지 않습니다.

이와 같이 진정으로 기도하는 사람은, 손해 보지 않고 빼앗기지 않으려고 두 주먹을 불끈 쥐고 악착같이 살아가는 세상 사람들과는 다릅니다. 그는 손을 펴고 자유롭게 사는 완전한 자유인입니다. 하늘의 능력을 힘입어 살아가고 분열된 세상에서 평화의 사도로 살아갑니다. 또한 물질을 소유하되 물질의 노예가 되지 않으며, 높은 지위에 있되 그 지위의 환상에 빠지지 않습니다.

기도하는 사람이 진정한 그리스도인이요, 기도하는 그리스도인은 세상 사람과 다르게 살아갑니다.

"오직 우리의 시민권은 하늘에 있는지라 거기로 구원하는 자 곧 주 예수 그리스도를 기다리노니"(빌 3:20).

3. 기도는 이성과 불신앙을 넘어섭니다

우리는 이성으로 하나님을 제한하고는 합니다. 불신앙으로 하나님을 제한합니다. 내가 못하니까 하나님도 못하실 것이라고 생각합니다. 우리는 오늘날 교회들이 얼마나 믿음 없는지를 매일 봅니다. 많은 교회에 믿음의 눈이 없습니다. 자기들이 못하니까 하나님도 못하시리라 생각합니다. 우리는 이같이 잘못된 편견과 생각을 내려놓아야 합니다. 나는 못해도 하나님은 하십니다. 교회는 못해도 하나님은 하십니다.

믿음의 문으로 들어가 보십시오. 믿음의 세계로 들어가 보면 신비한 세계를 접할 것입니다. 믿음의 눈으로 보면 우리의 인생에는 신비한 세계가 기다립니다. 우리의 자녀에게도 신비한 인생이 기다립니다. 자녀들이 말을 듣지 않고 반항하며, 성격이 비뚤어지고 공부를 하지 않아도 절망하지 마십시오. 오직 기도하십시오. 꾸준히 기도하면 당신의 자녀는 반드시 돌아올 것입니다. 그리고 복 받는 자녀들이 될 것입니다. 이것이 믿음의 세계입니다. 이 믿음을 갖기 위해 우리는 날마다 기도해야 합니다.

그런데 혹시 기도하다가 이런 의문을 가져 본 적이 없는지요? 상반되는 기도 응답을 기대하면서 기도하는 경우, 하나님은 어떻게 응답하실까? 예를 들어, 우리는 운동회나 야외에서 집회가 있을 때 "하나님, 오늘 비가 오지 않게 해 주십시오" 하고 기도합니다. 반면, 농부들은 같은 시간에 "하나님, 비가 오게 해 주십시오" 하고 기도합니다. 그러면 하나님은 누구의 기도를 들어주시겠습니까? 또 어떤 축구단이 있는데 선수들이 열심히 기도합니다. 골을 많이 넣어서 상대 팀을 이기게 해 달라고 말입니다. 그런데 상대 팀도 그렇게 기도합니다. 이런 경우, 하나님은 참으로 곤란하지 않으실까요?

우리는 이 문제를 다음과 같은 시각으로 보아야 합니다. "하나님은 믿음의 사람을 중심으로 역사를 움직이신다." 비가 오든 안 오든, 풍년이든 흉년이든, 하나님은 하나님의 사람들을 중심으로 역사를 움직이십니다.

기도하는 사람은 하나님의 핸들입니다. 운전은 하나님이 하십니다. 핸들이 차를 움직여 가는 것이 아닙니다. 핸들은 '이 길을 과연 갈 수 있을까' 걱정하거나 고민할 필요가 없습니다. 운전자가 움직이는 대로 따르기만 하면 됩니다.

하나님은 눈에 띄지 않아도 한 사람의 기도를 통해서, 기도하는 사람을 통해서 역사를 움직여 가십니다. 하나님이 주신 꿈과 비전으로 뭔가를 시작했다면 좌절하지 마십시오. 비록 우리는 약하고 부족하며, 때로는 모함을 받기도 하지만, 하나님이 누구 편이신지 생각해 보십시오. 하나님이 돈 많은 사람들 편이시겠습니까? 하나님이 여론을 따르시겠습니까? 하나님은 자기 십자가를 지고 묵묵히 기도하며 하나님의 뜻을 이루려는 사람들 편에 서 계시다는 사실을 잊지 말기 바랍니다.

4. 기도하는 사람이 역사를 움직입니다

"백부장이 대답하여 가로되 주여 내 집에 들어오심을 나는 감당치 못하겠사오니 다만 말씀으로만 하옵소서 그러면 내 하인이 낫겠삽나이다 나도 남의 수하에 있는 사람이요 내 아래도 군사가 있으니 이더러 가라 하면 가고 저더러 오라 하면 오고 내 종더러 이것을 하라 하면 하나이다 예수께서 들으시고 기이히 여겨 좇는 자들에게 이르시되 내가 진실로 너희에게 이르노니 이스라엘 중 아무에게서도 이만한 믿음을 만나 보지 못하였노라"(마 8:8-10).

백부장의 하인은 어떻게 고침받을 수 있었습니까? 그것은 백부장이 드린 믿음의 간구 때문이었습니다. 여기서 우리가 생각해 볼 수 있는 것은 중보 기도의 능력입니다. 백부장의 믿음, 백부장의 간구로 하인의 병이 고침을 받았습니다. 누군가의 기도 없이는 역사가 일어나지 않습니다.

부모님이나 친구가 나를 위해서 기도하지 않았다고 할지라도, 내가 예수를 믿게 된 것은 누군가가 나를 위해서 기도했기 때문입니다. 우리는 특히 어머니의 기도를 기억해야 합니다. 우리가 이런 믿음을 가진 것은 우리 자신 때문이 아니라 대부분 부모님의 기도 덕분입니다. 어머니의 기도가 없었던 사람은 아마도 친구의 기도가 있었을 것입니다. 친구의 기도가 없었던 사람은 어쩌면 동역자의 기도나 성도들의 기도가 있었을 것입니다.

백여 년 전 이 땅이 복음의 황무지였을 때에 미국에 있는 몇 교회에서 선교사를 한국에 파송한 뒤 어려운 한국 땅을 위해서 눈물로 기도했습니다. 영국에서도, 또 다른 나라에서도 한국 땅에 선교사를 보내고 눈물을 흘리면서 기도했던 까닭에 오늘날 우리가 이처럼 부흥할 수 있었던 것입니다.

마태복음 9장에는 중풍병자가 등장합니다. 스스로 움직일 수 없는 그를 들것에 누인 채 친구들이 예수님 앞에 달아 내립니다. 이때 예수님이 하신 행동이 아주 인상적입니다. "그들의 믿음을 보시고"(마 9:2)라고 기록되어 있습니다. 예수님은 중풍병자의 믿음이 아니라 친구들의 믿음을 보시고 병을 고쳐 주신 것입니다. 우리가 누군가를 위해 중보 기도 할 때 하나님이 그 기도를 들으시고 역사하신다는 사실을 믿으십시오. 친구들의 믿음을 보시고, 상관의 믿음을 보시고, 우리의 믿음을 보시고 하나님은 기도에 응답해 주십니다.

우리가 가정을 위해서 기도하면 분명히 가정 안에 기적이 일어납니다. 우리의 기도가 한국 사회를 바꿀 수도 있습니다. 이것이 중보 기도의 능력입니다. 남편이 예수를 믿지 않는다고 실망하지 마십시오. 아내가 예수를 믿지 않는다고 실망하지 마십시오. 자녀들이 교회에 가지 않는다고 실망하지 마십시오. 믿음으로 기도하십시오. 믿음의 기도는 역사하는 힘이 있습니다.

5. 형편없는 기도라도 하는 것이 낫습니다

"그곳에 이르러 저희에게 이르시되 시험에 들지 않기를 기도하라 하시고 저희를 떠나 돌 던질 만큼 가서 무릎을 꿇고 기도하여"(눅 22:40-41).

우리는 왜 기도해야 합니까? 시험에 들지 않기 위해서입니다. 사람들이 왜 실패를 합니까? 나쁜 일을 해서 실패하는 것이 아닙니다. 노력을 안 해서 실패하는 것이 아닙니다. 실패하고 무너지는 결정적인 이유는 시험에 들기 때문입니다. 우리는 대부분 시작은 잘하고 열심을 냅니다. 그러나 시험에 들면 흔들립니다. 그러므로 시험에 들지 않는 것은 큰 축복입니다.

마귀는 좋은 일도 시키고 시험에 들게도 합니다. 이런 교묘한 수법으로 우리를 무너지게 만듭니다. 마귀는 인간적인 이유, 세속적인 이유, 신앙적인 이유 등 여러 가지 이유를 만들어 우는 사자처럼 우리를 삼키려 하고 우리를 올무에 잡아넣습니다. 믿음으로 잘 시작했던 것을 그릇되게 만들어 버립니다.

기도하지 않으면 마귀가 벌 떼같이 달려들 것입니다. 시험은 대개 큰 사건에서 오지 않습니다. 오히려 시시하고 아무것도 아닌 일이 시험거리가 될 수 있습니다. 시험에 들면 신앙을 잃어버리게 됩니다. 시험에 들면 은혜를 받지 못하게 됩니다. 귀가 막히고, 눈이 덮이게 됩니다. 그러므로 예수님은 "시험에 들지 않게 깨어 기도하라"고 말씀하셨습니다.

오늘날 교회의 가장 큰 적은 무엇입니까? 기도하지 못하게 하는 세력입니다. 기도하지 못하게 하는 세력은 여러 가지로 나타납니다. 어떤 때에는 시끄럽게 기도한다고 비판하는 사람이 있습니다. 병만 고쳐 달라고 기도하는 것은 이기적이고 기복적이기 때문에 그런 기도를 하느니 차라리 기도를 안 하겠다고 하는 사람도 있습니다. 이런 사람들 모두가 다 사탄의 시험을 받고 있다는 사실을 알기 바랍니다. 기도의 동기가 비교적 순수하지 못하고 이기적이며 기복적으로 보인다 할지라도 기도를 안 하는 사람보다 기도하는 사람이 더 낫습니다.

연약한 기도를 하면 어떻습니까? 인간이기에 다 연약한 기도를 하고, 때로 이기적인 기도를 하는 것입니다. 그런 기도를 하다가 우리가 변하고 좀 더 새로워지면 언젠가는 "내 뜻대로 마옵시고 아버지의 뜻대로 하옵소서"라는 기도를 하게 될 것입니다. 그래서 기도가 좀 형편없어도 안 하는 것보다는 하는 것이 더 낫습니다. 그러므로 우리는 무조건 기도해야 합니다. 기도하지 않으면 시험에 들기 때문입니다.

6. 최악의 상황, 그때가 바로 기도할 때입니다

빌립보에서 전도하던 바울과 실라는 점치는 여자 안에 들어가 있던 귀신을 쫓아내 주었습니다. 그러고 나서 그동안 점치는 여자 때문에 이익을 보던 사람들의 모함으로 옥에 갇히는 신세가 됩니다. 그러나 바울과 실라가 옥에 갇힌 그날 밤, 놀라운 일이 일어납니다.

옷이 찢기고 무수히 매를 맞은 바울과 실라는 깊은 감옥에 갇혀서도 기도하고 하나님을 찬송했습니다. 그 소리가 밖으로 흘러 나가 다른 죄수들도 들을 수 있었다고 합니다.

"그가 이러한 영을 받아 저희를 깊은 옥에 가두고 그 발을 착고에 든든히 채웠더니 밤중쯤 되어 바울과 실라가 기도하고 하나님을 찬미하매 죄수들이 듣더라"(행 16:24-25).

바로 그때, 지진이 일어나 옥터가 움직이고 옥문이 열리고 모든 사람이 매임에서 벗어났습니다. 하나님이 그들을 매임에서 풀어 주신 것입니다. 바울과 실라가 찬송하고 기도할 때 기적이 일어난 것입니다.

당신은 소리가 밖으로 흘러 나갈 정도로 크게 찬송해 본 적이 있습니까? 기도 소리가 자신도 모르게 밖으로 흘러 나갈 정도로 크게 기도해 본 적이 있습니까? 바울과 실라는 모두가 잠든 깊은 밤에 감옥에서조차 그런 기도와 찬양을 드렸습니다. 그리고 그 소리는 감옥 안의 죄수들에게 울려 퍼졌습니다.

여기서 우리는 복음의 능력, 예수님의 능력, 성령님의 능력이 어떠한지를 보게 됩니다. 또한 기도와 찬양의 능력을 보게 됩니다. 그들은 최악의 상황을 최상의 환경으로 바꿔 줍니다. 예수님이 계시고 성령님이 계시고 복음이 있으면, 그리고 우리가 기도하고 찬송하면, 최악의 상황에서도 얼마든지 최상의 상황을 만들 수 있습니다. 설령 감옥에 갇혔더라도 천국으로 변화시킬 수 있습니다.

어려운 상황을 만났을 때 예수님을 찾고, 기도하고 찬송하기란 그리 쉽지 않습니다. 억울하게 모함을 받은 데다 매까지 맞고 쇠고랑에 매여 냉기가 가득한 감옥에 갇혔는데, 어찌 기쁘고 어찌 기도와 찬양이 쉽게 나올 수 있겠습니까? 아마도 우리 같으면 정신이 하나도 없을 것입니다. 그러나 바울와 실라는 그렇게 했습니다. 고문으로 한참을 기절해 있다가 제정신이 들자, 그들은 고통스러웠지만 누구를 원망하거나 불평하거나 슬퍼하지 않고 기도했습니다.

당신도 이런 극한 상황에서 기도할 수 있는 사람이 되기를 바랍니다. 이해할 수 없는 어려움을 겪을 때, 손해를 볼 때, 억울한 일을 당할 때, 배신을 당할 때, 너무나 충격이 커서 제정신이 아니더라도 정신을 차리고 나서는 제일 먼저 기도하고 찬양하는 사람이 되기를 바랍니다.

바울과 실라는 기도하는 중에 하나님이 자신들과 함께 계심을 느꼈습니다. 그리고 하나님의 위로와 하나님의 능력이 임하는 것도 느꼈습니다. 그들은 그 고난 가운데서도 '하나님은 나의 하나님' 이라는 사실을 더욱 강하게 느끼고 가슴이 따뜻해지는 듯했습니다. 그래서 하나님을 찬양하기 시작했습니다. "오, 할렐루야! 주님은 위대하십니다. 주님은 신실하십니다. 주님, 찬양을 받아 주시옵소서."

그들은 지옥을 천국으로 만든 것입니다. "초막이나 궁궐이나 내 주 예수 모신 곳이 그 어디나 하늘나라"라는 찬송가 가사를 떠올려 보십시오. 혹시 어려움을 겪고 있습니까? 요즘 상황이 좋지 않습니까? 그렇다면 바울과 실라처럼 기도와 찬송으로 그 최악의 상황을 천국으로 만들기 바랍니다. 기도하고 찬양하면 최악의 상황이 복된 상황으로 변할 것입니다.

"너희 중에 고난당하는 자가 있느냐 저는 기도할 것이요 즐거워하는 자가 있느냐 저는 찬송할지니라"(약 5:13).

7. 기도의 비밀을 아는 자가 하나님의 자녀입니다

하나님이 아브라함에게 나타나 이렇게 말씀하신 적이 있습니다. "여호와께서 가라사대 나의 하려는 것을 아브라함에게 숨기겠느냐"(창 18:17). 이 말씀을 하시면서 소돔과 고모라가 곧 멸망할 것을 미리 가르쳐 주셨습니다.

기도를 많이 하는 사람, 하나님과 가까운 사람은 하나님의 비밀을 압니다. 앞으로 일어날 일을 알게 됩니다. 하나님을 신뢰하고 그 말씀을 의지하여 그분을 바라보면 하나님이 나타나셔서 그에게 일어날 일들을 가르쳐 주십니다. 이것이 믿음의 세계에서 일어나는 일입니다. 믿음의 사람은 예언의 말씀을 듣습니다.

하나님은 우리의 미래에 대해서도 보여 주십니다. 우리의 자녀에 대해서도 예언해 주시고, 말씀으로 가르쳐 주시며, 갈 길을 보여 주십니다. 그래서 우리는 좁은 길, 고난의 길을 가면서도 흔들리지 않고, 그 어떤 위기가 와도 두려워하지 않고 하나님이 인도하시는 길로 걸어갈 수 있는 것입니다.

"주안에서 항상 기뻐하라 내가 다시 말하노니 기뻐하라 너희 관용을 모든 사람에게 알게 하라 주께서 가까우시니라 아무것도 염려하지 말고 오직 모든 일에 기도와 간구로, 너희 구할 것을 감사함으로 하나님께 아뢰라 그리하면 모든 지각에 뛰어난 하나님의 평강이 그리스도 예수 안에서 너희 마음과 생각을 지키시리라"(빌 4:4-7).

8. 기도는 자아를 이기는 비밀 병기입니다

오늘날 사람들은 사랑의 힘보다는 미움과 폭력의 힘에 더 의지하고, 기도보다는 세상의 힘과 인간 자신의 힘에 더 의지합니다. 그러나 그리스도인에게 있어서 사랑은 하나님의 제일가는 명령이며, 기도는 젖줄이요 생명줄입니다. 사랑과 기도가 빠진 그리스도인은 진정한 그리스도인이라 할 수 없습니다.

특히 기도는 하나님에게 이르는 비밀 통로요 하나님의 능력을 이어받을 수 있는 수로이며, 하나님의 영광에 도달할 수 있는 대로(大路)입니다. 그러므로 기도를 포기하는 것은 모든 것을 포기하는 것이나 마찬가지입니다.

생각하는 사람은 이성과 상식과 합리를 의지하지만, 기도하는 사람은 하나님의 뜻과 말씀과 성령을 의지합니다. 하나님의 말씀과 성령을 의지해 하나님의 뜻을 이루어야 할 그리스도인이 기도하지 않는 것은 가장 심각한 죄입니다. 기도하면 살고 기도하지 않으면 죽습니다. 우리 개인의 삶이 승리하는 비결은 오직 기도입니다. 국가가 난국을 타개할 수 있는 길도 기도입니다.

예수님의 생애는 말씀으로 시작해서 기도로 끝을 맺었습니다. 예수님의 사역 마지막에 십자가를 지셔야 했을 때, 예수님을 유혹한 것은 마귀가 아니라 예수님 자신이었습니다. 십자가 앞에서 마귀보다도 무서운 적은 예수님 자신이었던 것입니다. 그래서 예수님은 "아버지여, 아버지께는 모든 것이 가능하오니 이 잔을 내게서 옮기시옵소서. 그러나 나의 원대로 마옵시고 아버지의 원대로 하옵소서"라고 기도할 수밖에 없었습니다.

세상 유혹뿐 아니라 자기 자신까지도 이길 수 있는 비결은 기도입니다. 예수님도 그 사실을 아셨기에 겟세마네 동산에서 땀방울이 핏방울이 되도록 기도하셨으며, 피곤하여 졸고 있는 제자들에게 기도를 부탁하신 것입니다. 겟세마네 동산에서의 예수님의 기도는 자기의 뜻을 하나님의 뜻에 순종시키는 과정이었습니다. 그처럼 우리도 기도할 때만 우리 자신을 극복하고 하나님께 영광을 돌릴 수 있습니다.

그리스도인은 모든 일을 기도를 통해서 계획하고, 기도를 통해서 이루어야 합니다. 기도는 거룩한 혁명이요 조용한 혁명입니다. 기도는 사물을 변화시키는 것이 아니라 사람을 변화시키며, 겉을 변화시키는 것이 아니라 속을 변화시킵니다. 상처를 주지 않는 변화, 피를 흘리지 않는 혁명, 파괴를 거치지 않는 건설, 그것은 오직 기도를 통해서만 가능합니다.

9. 기도할 때 내가 변합니다

우리는 기도할 때 상황이 변하길 원합니다. 그러나 하나님은 상황을 변화시키는 데는 관심이 없으시고, 우리를 바꾸는 데 관심을 가지고 계십니다. 우리는 내가 변하는 데는 별로 관심이 없고, 내 주위의 고통스런 환경이 변하는 데 관심이 많습니다. 그러나 하나님은 사람을 찾으시고 사람을 변화시켜 일하십니다.

무슨 문제가 생길 때 우리는 기도를 합니다. 기도 응답을 받을 수도 있지만 사정이 더 나빠질 수도 있습니다. 그때 우리는 당황합니다. 사실 응답이 속히 이루어질 때도 있지만 우리의 바람대로, 기대대로 문제가 속히 해결되지 않을 때도 있습니다. 생각보다 그렇게 병이 빨리 낫지 않습니다. 바울처럼 우리도 가시를 평생 가지고 삽니다. 미운 사람을 계속 끼고 살아야 합니다. 하나님은 우리의 상황을 변화시키기도 하시지만 상황을 악화시키실 수도 있습니다.

그러나 하나님이 분명히 하시는 일이 있습니다. 바로 나를 변화시키시는 것입니다. 내가 변하면 상황을 이길 수 있습니다. 어떤 악한 상황도 이길 수 있습니다. 그러나 내가 변하지 못하면 어떤 좋은 환경도 나를 이기지 못합니다.

상황이 변하는 게 좋겠습니까? 내가 변하는 게 좋겠습니까? 내가 변하기를 바랍니다. 내가 변할 때 폭풍 같은 상황, 절망적인 어떤 상황도 헤쳐나갈 수 있기 때문입니다. 그러므로 환경의 변화를 위해 기도하기 앞서 나 자신을 변화시켜 달라고 기도하십시오. 모든 문제 해결은 내 안에서 시작됩니다.

10. 믿음의 기도는 하나님을 움직입니다

사도행전 12장에서, 헤롯 왕에 의해 옥에 갇혔던 베드로는 감옥에서 천사의 도움으로 풀려 난 사실에 매우 가슴이 뛰었을 것입니다. 또한 사람들이 모여 함께 기도하고 있는 모습에도 가슴 벅찼을 것입니다.

베드로는 감옥에서 나와 자신을 위해 기도하려고 모인 곳의 대문을 두드렸습니다. 아마 기도 소리 때문에 문 두드리는 소리가 잘 안 들렸을지도 모르겠습니다. 심부름하는 여자 아이가 문을 열러 나왔다가 베드로의 음성을 들었습니다. 이 아이는 아마 그곳에 모인 사람들과 같이 기도하고 있었을 것입니다. 그런데 베드로의 음성을 듣고는 너무 기쁘고 흥분한 나머지 문 여는 것도 잊은 채 그냥 안으로 뛰어 들어갔습니다. 그리고는 사람들에게 베드로가 왔다고 알렸습니다.

이때 사람들의 반응이 참 재미있습니다. 기도하고 있던 사람들은 그 아이에게 미쳤다고 합니다. 그들은 조금 전까지 베드로가 돌아오기를 간절히 합심하여 기도하고 있었습니다. 기도한 대로 베드로가 돌아왔습니다. 그런데 정작 뭐라고 합니까? 미쳤다고 합니다.

"저희가 말하되 네가 미쳤다 하나 계집아이는 힘써 말하되 참말이라 하니 저희가 말하되 그러면 그의 천사라 하더라"(행 12:15).

여자 아이는 계속해서 "아닙니다. 정말 베드로가 왔어요. 내가 그의 목소리를 들었어요"라고 말합니다. 그러자 사람들은 조금 양보하며 "그러면 베드로의 천사일 것이다"라고 말합니다. 자기가 기도한 것을 믿지 않는 불신앙을 여기서 보게 됩니다. 우리의 문제는 기도를 하지 않는 데도 있지만 기도한 것을 믿지 않는 데도 있습니다

한 동네에 가뭄이 극심했습니다. 온 동네가 목이 말라 있었습니다. 기우제를 드리고 백방으로 노력해 보았지만 길이 없었습니다. 그 동네에 살고 있는 목사님 가정도 비가 내리기를 간절히 기도했습니다. 기도가 끝나고 목사님이 전도하러 나가려는데 아들이 아버지에게 우산을 건네 주었습니다. 아버지가 "얘야! 이렇게 날이 맑은데 무슨 우산이냐?"고 하자, 아들이 이렇게 말했습니다. "아빠, 지금 비 오게 해 달라고 기도하셨잖아요."

아들은 어리고 순수해서 기도한 대로 되리라고 믿은 것입니다. 우리는 비가 오게 해 달라고 기도하면서도 응답을 기대하지 않습니다. 우산을 준비할 생각은 하지도 않습니다. 기도를 하다 보면 우리도 모르게 어마어마

한 기도를 할 때가 있습니다. 평소에는 생각지도 못한 일들을 기도합니다. 전혀 가능하지 않아 보이는 일을 기도합니다. 때로 그런 기도는 성령이 시키시는 기도일 수 있습니다. 그러나 그 기도가 이루어질 것을 믿는 믿음이 우리에게 없습니다. 기도는 있는데 믿음은 없습니다. 결정적인 순간에 안 믿습니다. 결정적인 순간에 하나님을 믿지 않고 돈을 믿습니다. 지식을 믿습니다. 사람을 믿습니다.

초대 교회 성도들이 베드로 사도가 감옥에 들어갔을 때 그가 풀려나기를 얼마나 사모했겠습니까? 그러나 그들은 하나님이 그렇게 빨리 응답하시리라고는 미처 생각하지 못했습니다. 아마 응답이 안 될 것이라고 생각했는지도 모릅니다.

그러나 하나님은 어떻게 응답해 주셨습니까? 마치 기다리셨다는 듯이 즉시 응답해 주셨습니다. 오늘날 우리도 마찬가지입니다. 우리가 기도를 시작하기만 하면 하나님이 마치 기다리셨다는 듯이 준비하고 계시다가 일을 시작하시는 것을 볼 수 있습니다. 만약 우리가 아무리 많이 기도해도 즉시 응답되지 않는다면, 그것은 믿음으로 구하지 않기 때문입니다. 무엇이든지 응답받을 줄로 믿고 구하십시오. 믿음의 기도만이 하나님을 움직입니다.

"오직 믿음으로 구하고 조금도 의심하지 말라 의심하는 자는 마치 바람에 밀려 요동하는 바다 물결 같으니 이런 사람은 무엇이든지 주께 얻기를 생각하지 말라 두 마음을 품어 모든 일에 정함이 없는 자로다"(약 1:6-8).

4. 이렇게 기도하십시오

기도와 함께 삶의 변화를 추구하십시오
믿음으로 구하고 하나님의 때를 기다리십시오
시간을 정해 놓고 기도하십시오
하나님이 말씀하실 기회를 드리십시오
기도의 팔이 아플 때 받쳐 줄 동역자가 필요합니다
기도의 우선순위를 기억하십시오
함께 일하기 전에 함께 기도하십시오
성령의 도움으로 육신의 한계를 넘으십시오
복음 전도를 위해 담대함을 구하십시오
골방에 들어가 기도하십시오
성령 안에서 영으로 기도하십시오
하나님을 알려 달라고 기도하십시오
금식하며 기도하십시오
때로 홀로 기도의 산에 오르십시오
새벽에 기도하십시오
위대한 그리스도인들은 새벽 기도의 사람이었습니다
서로 안수하며 기도하십시오

1. 기도와 함께 삶의 변화를 추구하십시오

사도행전을 보면 고넬료라는 이방인이 등장합니다. 고넬료는 기도하는 사람이었습니다. 그는 중언부언하는 기도를 드렸던 사람이 아니라 응답 받는 기도를 드렸던 사람입니다.

"가이사랴에 고넬료라 하는 사람이 있으니 이달리야 대라 하는 군대의 백부장이라 그가 경건하여 온 집으로 더불어 하나님을 경외하며 백성을 많이 구제하고 하나님께 항상 기도하더니"(행 10:1-2).

어느 날 그는 기도 중에 환상을 보았습니다. 그가 어떻게 하나님의 환상을 볼 수 있었을까요? 기도했기 때문입니다. 기도하지 않는데 어떻게 하나님의 환상을 볼 수 있겠습니까? 하나님은 우리가 기도할 때 환상을 보여 주십니다. 우리가 세상일을 하고 있는데, 하나님이 "야, 내가 지금 환상을 보여 줄 테니 잠깐 기다려라" 하시며 환상을 보여 주시겠습니까? 그렇지 않습니다. 기도하고 있을 때 보여 주십니다. 고넬료도 기도하다가 하나님의 환상을 보았습니다.

고넬료는 로마의 군인으로서 아직 세례를 받지 못한 이방인이었습니다. 그렇지만 그는 하나님을 진심으로 경외하고 가난한 자를 돌보는 사람이었습니다. 당신은 한 사람을 평가할 때 어떤 기준으로 평가합니까? 혹시 그 사람이 어떤 사람인가보다는 어떤 직업에 종사하는가, 어떤 지방 출신인가, 어떤 학교 출신인가를 먼저 따지는 경향이 있지는 않은지요? 그것은 잘못된 태도입니다. 그가 무엇을 하는 사람인가보다는 어떤 사람인가를 볼 수 있어야 합니다. 고넬료는 비록 이방인이었지만 하나님을 경외하고 항상 기도하던 사람입니다.

"하루는 제구시쯤 되어 환상 중에 밝히 보매 하나님의 사자가 들어와 가로되 고넬료야 하니 고넬료가 주목하여 보고 두려워 가로되 주여 무슨 일이니이까 천사가 가로되 네 기도와 구제가 하나님 앞에 상달하여 기억하신 바가 되었으니"(행 10:3–4).

고넬료가 기도하는 동안 천사가 나타났습니다. 그의 눈앞에 환상이 보였습니다. 그리고 하나님의 메시지가 그에게 전달되었습니다. 여기서 우리는 하나님이 어떤 분이신지 깨닫게 됩니다. 하나님은 모든 사람을 사랑하십니다. 원수도 사랑하십니다. 죄인도 사랑하십니다. 하나님은 모든 사람에게 관심을 갖고 계십니다. 그러나 특별히 더 관심을 두시는 사람이 있습니다. 기도를 많이 하고 구제를 많이 하는 사람입니다. 고넬료가 바로 그런 사람이었습니다.

고넬료의 기도를 들으신 하나님은 우리가 드린 기도도 반드시 기억하십니다. 그리고 우리가 오른손 모르게, 왼손 모르게 구제한 것도 다 기억하십니다. 우리의 기도와 구제는 반드시 하나님에게 상달되고, 하나님은 그것을 꼭 기억하십니다. 그리하여 우리가 어려울 때, 수치를 당할 때 우리의 기도와 구제를 기억하고 도와주십니다. 적어도 하나님이 나를 기억하실 수 있는 선행 한 가지 정도는 가지고 있어야 하지 않겠습니까?

기도와 구제에 힘쓴 고넬료의 기도가 하나님에게 상달되었다는 사실을 기억하십시오. 우리가 기도와 함께 삶의 변화를 추구할 때 우리의 기도가 응답된다는 사실을 잊지 마십시오.

"너는 구제할 때에 오른손의 하는 것을 왼손이 모르게 하여 네 구제함이 은밀하게 하라 은밀한 중에 보시는 너의 아버지가 갚으시리라"(마 6:3-4).

2. 믿음으로 구하고 하나님의 때를 기다리십시오

하나님은 우리의 기도를 들으시고 여러 가지 방법으로 응답해 주십니다. 여기서는 크게 두 가지만 살펴보겠습니다.

우선, 구체적이고 분명하게 응답해 주십니다.

구체적이고 분명하게 자신을 계시하시는 것은 하나님의 속성 가운데 하나입니다. 하나님은 우리에게 애매 모호하게 오시지 않습니다. 이렇게 보면 이렇고, 저렇게 보면 저런 모습으로 오시지 않습니다. 하나님은 우리에게 오실 때 신비스럽게, 또한 이상하게 오시지도 않습니다. 글자 하나 탁 써 놓고 알아맞춰 보라는 식으로 우리를 대하시지도 않습니다. 당연히 기도 응답도 불분명하게 하시지 않습니다.

하나님이 인간을 구원하실 때 하나님으로 오시지 않았습니다. 만약 하나님이 하나님으로 오신다면 인간은 하나님을 만날 수 없습니다. 왜냐하면 하나님과 인간은 본질적으로 다른 존재이기 때문에 그렇습니다. 그렇다면 하나님은 인간을 구원하시기 위하여 어떤 방법으로 오셨습니까? 육신의 몸을 입고 오셨습니다. 사람이 알아듣고 해석하며 받아들이기 쉽게 우리와 성정이 똑같은 인간의 몸을 입고 오신 것입니다. 말씀이 육신이 되어 우리 가운데 오신 것입니다.

하나님은 인간에게 오실 때 이렇게 매우 분명하고 구체적으로 오셨습니다. 그리고 우리에게 주시는 말씀도 쉽고 구체적입니다. 사도행전에 이런 구절이 나옵니다. "네가 지금 사람들을 욥바에 보내어 베드로라 하는 시몬을 청하라 저는 피장 시몬의 집에 우거하니 그 집은 해변에 있느니라 하더라"(행 10:5-6.)

하나님은 막연하게 "너는 동으로 가라" 또는 "서쪽으로 가면 귀인을 만날 것이다"라고 말씀하시지 않았습니다. 매우 분명합니다. "욥바로 가라. 그러면 베드로란 사람을 만나게 될 것이다." 하나님은 베드로가 어디 있는지도 가르쳐 주십니다. 가죽공인 시몬이란 사람 집에 거하고 있다고 가르쳐 주십니다. 그리고 이렇게 다음 행동을 가르쳐 주십니다. "거기에 가서 그를 초청해라." 이 얼마나 명료하고 구체적입니까?

우리는 종종 쉬운 것을 어렵게 만들고, 분명한 것을 애매하게 만들어서 예수님을 믿으려고 합니다. 그래야 신앙의 연륜이 깊고 신령한 것처럼 말입니다. 그러나 잊지 마십시오. 하나님의 응답은 매우 분명합니다.

다음, 하나님은 가장 적절한 때에 기도를 응답해 주십니다. 하나님은 베드로가 환상을 보고 무슨 뜻일까 고민하고 있을 때 사람들을 때에 맞게 보내셔서 그 뜻을 알게 하셨습니다(행10:1-20참조). "베드로가 본 바 환상이 무슨 뜻인지 속으로 의심하더니 마침 고넬료의 보낸 사람들이 시몬의 집을 찾아 문밖에 서서 불러 묻되 베드로라 하는 시몬이 여기 우거하느냐 하거늘 베드로가 그 환상에 대하여 생각할 때에 성령께서 저더러 말씀하시되 두 사람이 너를 찾으니 일어나 내려가 의심치 말고 함께 가라 내가 저희를 보내었느니라 하시니"(행 10:17-20).

이 말씀 가운데 우리는 깨닫는 것이 있습니다. 하나님은 언제나 적절한 때 역사하신다는 사실입니다. 하나님은 기분 내키는 대로 역사하시는 분이 아닙니다. 하나님은 시간에 매우 예민하십니다. 시간에는 사람의 시간이 있고 하나님의 시간이 있습니다. 땅의 시간이 있고 하늘의 시간이 있습니다. 하나님은 하늘의 시간표에 의해 움직이십니다. 하나님은 하나님의 계획에 따라 일하십니다.

그런데 인간들은 하나님한테 자기 시간표에 좀 맞춰 달라고 애걸복걸합니다. "하나님! 꼭 이때 응답해 주세요." 자기들이 임의로 정한 그때 하나님이 응답하지 않으시면 응답받지 못한 것으로 여깁니다. 하나님의 응답이 없는 것으로 간주해 버립니다. 그리고 실망하고 좌절합니다. 그러나 하나님의 때가 있습니다. 우리 인생은 하나님의 시간 안에 있습니다.

여기서 또 한 가지 중요한 사실은 고넬료의 종들이 성에 가까이 갔을 그때, 하나님은 절묘하게 베드로의 기도 시간을 이용해서 나타나셨다는 것입니다. 이것은 겉으로 보기에는 우연히 일어난 것 같지만 결코 우연이 아닙니다. 하나님이 우리에게 보이시는 모든 사건은 결코 우연이 아닙니다. 우연처럼 보일 뿐입니다. 하나님은 시간을 계산하고 계셨고, 일을 계획하고 계셨습니다. 이것을 가리켜 하나님의 경륜, 하나님의 섭리라고 합니다.

이러한 섭리는 우리에게도 임합니다. 성경을 읽거나, 설교를 듣거나, 큐티를 하거나, 성경 공부를 하다가 하나님의 말씀을 통해 내가 변화됩니다. 살았고 능력이 있는 그 말씀이 내 영혼에 들어와서 나를 뒤흔들어 놓습니다. 그 말씀이 내 안에 들어올 때 더러운 귀신이 나가기도 하고, 병이 치료되기도 합니다.

하나님이 어떤 때는 친히 성령의 음성을 들려주십니다. 어느 날 한순간에 설명할 수 없는 어떤 독특한 감동을 받습니다. 성령 안에 내가 있는 것입니다. 어떤 때는 환상을 보여 주기도 하시고, 어떤 때는 환경을 이용하기도 하십니다. 잘되던 일이 갑자기 아무 이유도 없이 안 되기도 합니다.

그러므로 부도난 것 때문에 걱정하지 마십시오. 집에 불난 것 때문에 걱정하지 마십시오. 교통 사고 난 것 때문에 걱정하지 마십시오. 이런 일에는 모두 하나님의 뜻이 있습니다. 하나님에게는 절대로 우연이 없습니다. 하나님은 그런 환경과 역경을 통해서도 우리에게 말씀하십니다. 또한 우리의 모든 간구에 하나님은 가장 적절한 때에 우리의 기도를 들어주실 것입니다. 하나님의 때를 기다리는 연습을 하십시오.

3. 시간을 정해 놓고 기도하십시오

사도행전 10장을 보면, 고넬료가 환상 중에 하나님의 사자의 음성을 듣는 장면이 나옵니다. 말하던 천사가 떠나자 고넬료는 즉시 행동을 취합니다.

"마침 말하던 천사가 떠나매 고넬료가 집안 하인 둘과 종졸 가운데 경건한 사람 하나를 불러"(행 10:7).

고넬료를 통해 우리는 기도하는 사람에게 하나님의 일을 맡겨야 한다는 사실을 배우게 됩니다. 능력 있는 사람이 아니라 하나님을 경외하는 사람에게 일을 맡겨야 합니다. 그 사람이 일을 잘 못할 것 같아도 그 사람은 그 일을 해 냅니다. 아무리 똑똑한 사람일지라도 기도하지 않는 사람이라면 그에게 하나님의 일을 맡기면 안 됩니다.

능력은 있는데 기도하지 않는 사람을 조심해야 합니다. 그런 사람은 대부분 처음에는 일을 잘 감당하는 것처럼 보여도 결국에는 일이 다 어그러집니다. 하나님의 일은 기도하는 사람, 경건한 사람을 통해서만 열매를 맺게 되는 것입니다.

"이튿날 저희가 행하여 성에 가까이 갔을 그때에 베드로가 기도하려고 지붕에 올라가니 시간은 제육시더라"(행 10:9).

베드로도 기도했기 때문에 쓰임받을 수 있었습니다. 그가 기도하지 않았다면 어찌 하나님의 환상과 음성을 들을 수 있었겠습니까? 하나님의 음성을 듣고 싶습니까? 그러면 시간을 정해 놓고 기도하십시오. 하나님의 음성을 듣고 싶다면 시간을 정해 놓고 기도하면 됩니다. 쉬지 않고 꾸준히 기도하면 하나님이 그 채널을 통해서 우리에게 오십니다. 환상을 보고 싶습니까? 시간을 정해 놓고 기도하십시오. 새벽 기도 시간이 제일 좋을 것입니다. 일정한 시간을 바쳐 꾸준히 기도하십시오.

우리는 사람과 만날 때도 시간 약속을 합니다. 그런데 왜 하나님과는 시간 약속을 안 합니까? 우리는 사업 파트너를 만나는 데도 정성을 들입니다. 바이어가 오면 얼마나 정성을 들여 대접을 합니까? 그 이상으로 하나님에게 정성을 쏟으십시오. 시간에 늦지 않고 약속 시간에 정확히 와서 그분을 기다리십시오. 그때 하나님은 우리에게 은혜를 더욱 물 붓듯 부어 주실 것입니다.

베드로는 생각지도 않게 환상을 보았습니다. 보자기 같은 그릇이 하늘에서 내려오는 것을 보았습니다. 그는 이것을 해석할 수 없었고, 믿을 수 없었으며, 이해할 수 없었습니다. 그때 성령님이 사도행전 10장 19절에서 다음과 같이 말씀해 주십니다. "베드로가 그 환상에 대하여 생각할 때에 성령께서 저더러 말씀하시되 두 사람이 너를 찾으니."

하나님이 하시는 일이 얼마나 오묘합니까? "두 사람이 너를 찾으리니 일어나 의심치 말고 함께 가라." 이렇게만 분명히 듣는다면 우리는 예수 믿는 데 갈등이 없을 것입니다. 그런데 이런 하나님의 음성을 못 들으니 이게 맞을까 저게 맞을까 밤새 고민하는 것입니다. 우리가 고민하고 갈등할 때, 하나님이 '이렇게 해라'. '떠나라', '의심하지 말라', '가라', '오른쪽으로 가라' 고 일일이 말씀해 주시면 좋을 텐데 그렇지 않습니다. 그러나 그렇게 하나님의 말씀을 분명하게 알아듣지 못하는 것에 대해서만 얘기하지 말고, 내가 얼마나 무릎 꿇고 기다렸는지를 생각해 보십시오.

우리는 너무나 뻔뻔합니다. 조금 주고 많이 얻기를 원합니다. 우리는 대부분 기도나 구제는 적게 하고, 하나님의 보호와 축복은 하늘만큼이나 기대하는 불한당들입니다. 투자하십시오. 가난한 사람들에게 손을 많이 펴십시오. 왜 하나님이 우리를 기억하지 않으시겠습니까? 무릎 꿇고 기도하십시오. 하나님 앞에 겸손하십시오. 왜 하나님이 우리의 마음을 읽지 않으시겠습니까? 우리는 하나님께 드린 게 너무 없습니다.

무슨 일이든지 하나님이 간섭하고 기뻐하며 준비하신 일이라면 아무리 불가능해 보이고 돈이 많이 드는 일이라 할지라도 반드시 이루어집니다. 염려하지 마십시오. 의심하지 마십시오. 하나님께 쓰임받기 위해 시간을 정해 놓고 기도하십시오. 하나님은 기도의 네크워크를 통해 하나님의 사람들을 준비시키시고 움직이십니다. 기도하는 사람을 쓰십니다.

4. 하나님이 말씀하실 기회를 드리십시오

사도행전 9장에 등장하는 아나니아는 예수님을 무척 사랑하는 제자였습니다. 한 걸음 더 나아가서 그는 늘 기도하는 사람이었음을 알 수 있습니다.

"그때에 다메섹에 아나니아라 하는 제자가 있더니 주께서 환상 중에 불러 가라사대 아나니아야 하시거늘 대답하되 주여 내가 여기 있나이다 하니"(행 9:10).

하나님은 우리에게 말씀하고 싶어 하십니다. 가까이 다가서고 싶어 하십니다. 그러나 우리가 성경을 읽지 않고, 묵상하지 않는다면 주님이 어떻게 우리에게 말씀하시겠습니까?

현대를 사는 우리는 너무 바쁘고 분주합니다. 이는 세상에서뿐 아니라 교회에서도 그렇습니다. 물론 교회에서 봉사하는 것은 기쁨이요 의무입니다. 그러나 교회 안에서조차 너무 많은 일로 이리 뛰고 저리 뛰고, 이 사람 저 사람 만나는 일 때문에 정신이 없다면, 이는 바람직한 모습이 아닙니다. 기도보다 회의가 더 많고, 기도보다 사역이 많다면, 그것은 바람직한 교회의 모습이 아닙니다. 그런데 많은 경우, 우리들의 교회에는 묵상하고 기도하고 잠잠히 하나님을 기다리는 시간이 너무 적습니다.

교회 안에서만 그런 것이 아닙니다. 가정 생활에도 묵상하는 시간, 기도하는 시간, 침묵하는 시간, 하나님을 기다리는 시간이 너무 적다는 사실을 발견하게 됩니다. 우리가 이렇게 바빠서야 하나님이 어떻게 우리에게 말씀하시겠습니까? 우리가 이렇게 기도하지 않는데 하나님이 어떻게 환상으로 뭔가를 보여 주실 수 있겠습니까?

사람들은 대부분 하나님에게 자신의 생각을 전달하는 것으로 기도를 끝냅니다. 심지어 감사 기도를 드릴 때 달랑 감사하다는 말만 고백하고 끝내는 경우도 있습니다. "하나님, 감사합니다. 할렐루야!" 이게 전부인 것입니다. 그렇게 말하고 난 다음, 하나님이 말씀하실 기회를 드리지 않습니다. 그렇게 끝나는 기도는 반쪽 기도에 불과합니다.

진정한 기도는 하나님이 내게 말씀하시는 것으로 완성됩니다. 참된 기도는 "주님, 말씀하옵소서. 종이 듣겠나이다" 하며 그분의 음성에 귀 기울이는 것입니다. "우리 교회가 하나님의 말씀을 듣겠나이다." "우리 당회가, 우리 제직회가, 우리 위원회가 하나님의 말씀을 듣겠나이다. 말씀하옵소서." 그렇게 기도하고 잠잠히 기다려야 합니다.

기도할 때, 우리는 우리 말만 앞세울 것이 아니라 하나님의 음성을 들어야 합니다. 그러기 위해서는 침묵하는 시간이 필요합니다. 하나님의 음성을 듣기 위해 기다리는 시간이 필요합니다. 내 소리가 크면 다른 사람의 소리가 잘 안 들립니다. 내가 잠잠하면 다른 사람의 소리가 잘 들립니다. 자기 생각이 많은 사람은 다른 사람의 얘기를 경청하지 못합니다. 마찬가지로 우리 소리가 크면 하나님의 음성을 듣지 못합니다. 그러므로 우리에게는 하나님 앞에서 잠잠히 기다리는 시간이 필요합니다.

"너희는 가만히 있어 내가 하나님 됨을 알지어다"(시 46:10)라는 말씀처럼, 우리는 하나님이 하나님 되심을 나타내시고 말씀하시고 운행하실 수 있는 기회를 그분에게 드려야 합니다.

"아침에 나로 주의 인자한 말씀을 듣게 하소서 내가 주를 의뢰함이니이다 나의 다닐 길을 알게 하소서 내가 내 영혼을 주께 받듦이니이다"(시 143:8).

5. 기도의 팔이 아플 때 받쳐 줄 동역자가 필요합니다

여호수아가 이스라엘 백성을 이끌고 아말렉과 전투를 벌일 때, 모세는 아론과 훌을 데리고 산꼭대기에 올라가 손을 들고 기도했습니다. 그런데 희한한 일은 모세가 손을 들면 이스라엘이 이기고 내리면 아말렉이 이기는 것이었습니다.

"모세가 손을 들면 이스라엘이 이기고 손을 내리면 아말렉이 이기더니 모세의 팔이 피곤하매 그들이 돌을 가져다가 모세의 아래에 놓아 그로 그 위에 앉게 하고 아론과 훌이 하나는 이편에서, 하나는 저편에서 모세의 손을 붙들어 올렸더니 그 손이 해가 지도록 내려오지 아니한지라"(출 17:11-12).

학교 다닐 때 손들고 벌 받던 경험이 있습니까? 손을 오래 들고 있는 것은 쉬운 일이 아닙니다. 모세도 손을 들고 기도하다가 팔이 아파서 더 이상 손을 들 수 없는 지경이 되었습니다. 그러나 손을 내리면 이스라엘 군대가 지기 때문에 내릴 수가 없었습니다. 승리하기 위해서는 모세의 손이 내려오지 않도록 해야 했습니다.

그래서 아론과 훌이 각각 모세 양 옆에 서서 그의 두 팔이 내려오지 않도록 아예 손을 받쳤습니다. 이것이 기도입니다. 기도는 노동입니다. 기도는 힘들고 어렵습니다. 그리고 동역자가 필요합니다.

모세의 이 기도를 통해 무엇을 배울 수 있습니까? 동역자의 중요성을 깨달을 수 있습니다. 모세 혼자서는 도저히 계속 팔을 들고 있을 수 없었습니다. 아론과 훌이 옆에서 도와주지 않았다면 이스라엘이 아말렉을 물리칠 때까지 팔을 들고 있을 수 없었을 것입니다. 인간은 매우 연약하여, 하루 종일 팔을 들고 버틸 수 있는 사람은 없습니다. 모세도 마찬가지였습니다. 아론과 훌이 함께하지 않았다면, 즉 동역자가 없었다면 이스라엘은 결코 전쟁에서 승리할 수 없었을 것입니다.

기도에도 반드시 동역자가 필요합니다. 당신은 기도의 팔이 아플 때 양쪽에서 팔을 받쳐 줄 동역자가 있습니까? 또한 누군가에게 그런 동역자가 되어 주고 있습니까?

6. 기도의 우선 순위를 기억하십시오

내가 누구의 다스림을 받느냐 하는 것은 내가 무슨 말을 하는지를 보면 알 수 있습니다. 당신은 성령님의 생각을 말하고 있습니까, 아니면 자신의 생각을 말하고 있습니까? 찬송을 부를 때 정말 성령님에 의해서 기쁨으로 찬양합니까? 아니면 단지 형식적으로 남들을 따라합니까?

당신의 기도는 어떻습니까? 당신의 기도는 성령님에 의해 터져 나오는 것입니까? 혹시 당신 임의로 기도하는 것은 아닙니까? 우리는 기도할 때도 성령을 힘입어야 합니다.

성령의 임재는 전인격적인 체험입니다. 성령 충만은 하나님과의 전인격적인 접촉입니다. 전인격적으로 하나님의 지배를 받는 것입니다. 하나님의 성령을 충만히 받으면 성령이 말하게 하심을 따라 말하게 됩니다. 이것이 참다운 그리스도인의 모습입니다. 성령을 받아 하나님이 원하시는 생각을 하고, 하나님이 원하시는 말을 하고, 하나님이 원하시는 행동을 하는 것이 그리스도인의 참된 모습입니다.

우리 모두에게 이런 일이 일어나야 합니다. 모두가 성령을 충만히 받아 우리 자신의 생각이나 방법, 감정으로 살아가는 것이 아니라, 하나님의 생각과 방법, 하나님의 뜻대로 살아가야 합니다. 그래서 우리는 성령 충만을 위해 기도해야 합니다. 이렇게 기도하십시오.

"성령님, 오시옵소서. 오셔서 제 영혼에 지진을 일으켜 주옵소서. 귀가 열려 하나님의 음성을 듣게 해 주시고, 눈이 열려 성령의 불을 보게 해 주옵소서. 성령의 불이 제게 임하고, 우리 교회에 임하고, 한국의 온 교회에 임하게 해 주옵소서. 성령님, 오셔서 제 영혼을 뜨겁게 하시고, 감격하게 하시고, 겸손하게 하시고, 온유하게 하시고, 사람을 두려워하지 않게 하옵소서. 성령님, 제 영혼과 이성과 육체에 전인격적으로 임하시옵소서."

교회에 오래 다닌 것도 중요하고 지난날 열심히 산 것도 중요하지만, 그보다 더 중요한 것은 현재를 성령 안에서 사는 것입니다. 성령 안에서 기도하며 사는 것입니다. "이것이 정말 하나님의 뜻인가, 하나님의 음성인가, 하나님의 방법인가?" 이를 분별하기 위해 성령 안에서 기도하는 것이 중요합니다. 하나님을 우리에게 맞추려 하지 말고, 우리가 하나님의 방법, 하나님의 뜻, 하나님의 길을 찾아가야 합니다.

우리는 어떤 일에 대해서 알 수도 있고 모를 수도 있습니다. 그때 우리가 할 일은 내가 옳다고 생각하는 대로 반항하고 비판하는 것이 아니라 성령 안에서 기도하는 것입니다. 성령의 인도를 구하는 기도를 드리는 것입니다. 인간은 누구나 잘못할 수 있기 때문에 계속 기도해야 합니다. 무릎 꿇고 겸손함으로 "하나님의 뜻을 가르쳐 주십시오. 성령의 인도를 받기 원합니다"라고 기도하는 사람이 진정한 그리스도인입니다.

7. 함께 일하기 전에 함께 기도하십시오

"여호수아가 모세의 말대로 행하여 아말렉과 싸우고 모세와 아론과 훌은 산꼭대기에 올라가서 모세가 손을 들면 이스라엘이 이기고 손을 내리면 아말렉이 이기더니 모세의 팔이 피곤하매, 그들이 돌을 가져다가 모세의 아래에 놓아 그로 그 위에 앉게 하고 아론과 훌이 하나는 이편에서, 하나는 저편에서 모세의 손을 붙들어 올렸더니 그 손이 해가 지도록 내려오지 아니한지라"(출 17:10-12).

여호수아는 모세의 명령대로 아말렉과 싸우고 있었습니다. 그때 모세는 산꼭대기로 올라갔습니다. 여기서 우리가 관심 있게 보아야 할 것이 있습니다. 모세가 아론과 훌과 함께 갔다는 것입니다.

누구나 인생 가운데 고통을 만납니다. 태풍 앞에 선 것 같은 위기의 순간이 닥쳐옵니다. 그래서 우리에게는 기도의 동역자가 필요합니다. 무슨 일을 하든지 혼자는 둘보다 힘이 듭니다. 신앙 생활에 있어서도 마찬가지입니다. 혼자 힘으로 어느 정도까지는 버틸 수 있지만 언젠가는 넘어집니다. 더 이상 힘이 없어 넘어질 때 누군가 곁에서 도와준다면 다시 일어날 수 있습니다. 이스라엘 민족의 탁월한 지도자인 모세라 할지라도 아론과 훌이 필요했습니다. 이것이 영적인 원리입니다. 그래서 교회의 소그룹 모임, 리더와 헬퍼와의 관계가 중요한 것입니다.

예수님도 위기를 맞으신 적이 있습니다. 그것은 십자가를 지셔야 할 때였습니다. 그 일이 너무나 무겁고 힘드셨기에 예수님은 겟세마네 동산에서 땀방울이 핏방울이 되도록 기도하셨습니다. 그런데 우리가 주목해야 할 것은 예수님도 기도하실 때 혼자 가시지 않고 제자들을 데리고 가셨다는 사실입니다. 그러나 제자들은 기도하지 않고 세 번이나 졸았습니다. 여기에서 우리가 발견할 수 있는 것은 비록 조는 사람이라 할지라도 기도의 자리에 함께 데리고 갔다는 것입니다. 함께 기도하러 갈 수 있는 친구가 진정한 동역자입니다.

돈과 지식이 많고 당신을 명예롭게 해 주는 사람보다는 당신을 위해 기도해 주는 사람을 친구로 삼기 바랍니다. 당신에게 정말 필요한 친구는 기도하는 사람입니다. 당신이 지금 가까이 사귀는 사람은 기도하는 사람입니까? 일주일에 한 번씩이라도 두세 명이 짝을 지어서 무릎을 꿇고 함께 기도합니까? 같이 일하는 사람보다도 같이 기도하는 사람이 있어야 합니다.

우리 주변에 나와 함께 일하는 사람은 많습니다. 그러나 함께 기도하는 사람은 얼마나 되는지요? 그 가운데 나를 위하여 기도하는 사람이 몇 명이나 있습니까? 나를 위해 눈물 흘리며 진심으로 기도해 줄 사람이 있습니까? 기도의 동역자가 얼마나 중요한지 모릅니다. 영적 전쟁에서, 광야 같은 이 세상에서 승리하는 비결은 바로 합심 기도입니다.

"두세 사람이 내 이름으로 모인 곳에는 나도 그들 중에 있느니라"(마 18:20).

8. 성령의 도움으로 육신의 한계를 넘으십시오

기도는 육신의 노력으로 되는 것이 아닙니다. 인간의 지혜나 의욕 등 인간적인 방법으로 되지 않습니다. 기도는 성령의 도우심을 받아야 제대로 할 수 있습니다. 육신으로 하는 것은 언제나 패망이 따르게 마련입니다. 육신의 옷을 입고 육신의 종 노릇을 하면 얻을 것이 없습니다.

기도하기 위해서는 먼저 육신적인 것들이 깨어져야 합니다. 인간적인 생각, 인간적인 관점, 인간적인 가치관이 무너지고, 옛사람이 깨어지지 않으면 기도할 수 없습니다. 제자들은 겟세마네 동산에서 예수님과 함께 있었지만 육신이 깨어지지 않았기에 예수님의 기도 부탁을 받고도 잠을 잘 수밖에 없었습니다. 육신으로는 기도할 수 없습니다. 성령으로 기도해야 합니다.

"육신의 생각은 하나님과 원수가 되나니 이는 하나님의 법에 굴복치 아니할 뿐 아니라 할 수도 없음이라"(롬 8:7).

성령님은 연약한 우리를 도우셔서 우리가 하나님에게 나아가는 기도를 드릴 수 있도록 도우십니다. 그래서 기도할 때 성령님의 도우심을 먼저 구하는 것이 필요합니다.

9. 복음 전도를 위해 담대함을 구하십시오

바울이 사랑하는 성도들에게 기도를 부탁합니다. 그 기도 제목은 무엇이었습니까?

"또 나를 위하여 구할 것은 내게 말씀을 주사 나로 입을 벌려 복음의 비밀을 담대히 알리게 하옵소서 할 것이니"(엡 6:19).

바울이 부탁한 기도는 복음의 비밀을 담대하게 전할 수 있도록 해 달라는 것입니다. 이것은 비단 바울만의 기도 제목은 아닙니다. 예수님의 지상 명령을 가슴에 품고 사는 그리스도인의 유일한 관심은 복음을 전하는 것입니다. 예수님을 잘 믿는 이웃들도 많지만 예수 그리스도를 모르고 살아가는 사람들이 이 세상에는 얼마나 많은지 모릅니다. 우리는 그들에 대해 끊임없이 관심을 가져야 합니다. 그들에게 복음을 담대하게 전해야 합니다.

바울이 에베소서를 쓸 당시는 오늘날과 그 상황이 많이 달랐습니다. 생명을 걸지 않으면 복음을 전할 수 없었기 때문에 특별히 이러한 부탁을 했던 것입니다. 오늘날 우리에게도 바울의 이러한 각오와 결단이 절대적으로 필요합니다. 교회는 혼자 잘 믿고 잘 살기 위해 존재하지 않습니다. 교회는 전도하는 일을 게을리 해서는 안 됩니다.

이것은 영적 전쟁입니다. 오늘날 겉으로 보이는 상황이 다르고 좀 나아 보인다고 해도 근본적으로 영적 전쟁이라는 상황은 마찬가지입니다. 마귀에게 패배하지 않도록 영적 지도자와 교회를 위해 끊임없이 기도해야 합니다. 기도하는 곳에 성령이 임합니다. 그래야 우리와 교회가 승리할 수 있습니다.

우리는 사탄이 왕 노릇 하는 이 세상에서 주의 복음이 능력 있게 증거되도록 기도해야 합니다. 악한 세상에서 살아갈 수 있는 우리의 유일한 힘은 영적 능력, 하늘의 능력을 받는 것입니다. 우리는 이렇게 기도해야 할 것입니다.

"주님, 우리에게 담대함을 주시옵소서. 복음을 부끄러워하지 말게 하여 주시고, 우리를 유혹하는 모든 세력을 끊어 버리고, 주님을 믿고 나아가게 하옵소서. 그리고 영적인 능력을 우리에게 주셔서 이 능력을 가지고 세상에 나가서 우리의 가정을 구원하게 하시고, 평화의 사도가 되게 하시고, 교회를 변화시키게 하여 주옵소서. 내 병과 내 모든 문제들을 이 영적인 능력으로 해결하게 하옵소서."

10. 골방에 들어가 기도하십시오

예수님은 골방에 들어가 문을 닫고 기도하라고 말씀하셨습니다.

"너는 기도할 때에 네 골방에 들어가 문을 닫고 은밀한 중에 계신 네 아버지께 기도하라 은밀한 중에 보시는 네 아버지께서 갚으시리라"(마 6:6).

예수님이 이렇게 말씀하신 것은 골방에서만 기도하라는 뜻이 아닙니다. 사람을 의식해서 기도하면 안 된다는 뜻입니다. 즉 골방 기도는 사람에게 감동을 주거나 자기의 기도 생활을 자랑하기 위한 기도가 아니라 철저히 하나님을 향한 기도임을 말씀하신 것입니다.

골방에 들어간다는 것은 하나님과 일대일로 만나는 것을 뜻합니다. 하나님만 생각하며 기도하는 것을 뜻합니다.

골방에 들어갈 때 문을 닫으라고 하신 것은, 사람들이 골방에 들어가 기도를 하면서도 자기가 골방에서 기도하는 모습을 남에게 보이고 싶어 하는 마음이 있기 때문입니다. 그래서 이 말씀은 이러한 유혹을 끊어 버리라는 뜻으로 하신 말씀이며, 우리의 신앙적인 행위를 다른 사람에게 보이고 싶어 하는 간사한 마음을 지적하신 말씀입니다.

골방에 들어가 기도하라는 말씀을 통해 우리가 또 한 가지 기억해야 할 것은 기도는 영적 과시나 신앙의 훈장이 될 수 없다는 사실입니다. 사십일 간 금식 기도를 했다거나 산 기도를 했다는 것, 혹은 철야 기도를 했다는 것으로 스스로 무엇인가 대단한 일을 이룬 것같이 자랑해서는 안 됩니다. 이런 일로 다른 사람에게 은근히라도 자기 의를 드러내지 마십시오. 만약 그렇게 한다면 이미 골방에서 드리는 기도가 아닙니다.

성경적으로 바른 기도는 사람에게 보이려고 하는 외식하는 기도가 아닙니다. 뜻 없는 내용을 계속해서 반복하는 중언부언하는 기도도 아닙니다. 바른 기도는 하나님만을 의식하며 하나님 앞에서 하는 기도요, 사람에게 보이지 않도록 골방에 들어가 문을 닫고 하는 기도입니다.

11. 성령 안에서 영으로 기도하십시오

성령이 임하면 종종 방언으로 말하는 일들이 일어납니다. 특히 사도행전에서는 이러한 일들이 자주 나타나고 있습니다. 방언은 보통 세 가지로 구분합니다.

첫째는 다른 언어입니다. 여기에는 사투리라는 뜻도 포함됩니다. '방언 연구회' 라는 것이 있는데, 이것은 방언으로 나타나는 각기 다른 언어를 연구하는 모임입니다.

둘째, 사탄이 주는 방언입니다. 성경은 이것에 대해 얘기하고 있지 않지만, 가끔 귀신으로부터 방언을 받고 성령의 방언을 받았다고 말하는 자들이 있습니다.

셋째, 영으로 말하는 방언입니다. 이것은 우리가 일상적으로 말하는 것과 약간 다릅니다. 성경에서 말하는 것은 이런 방언을 뜻합니다. 이것은 표적입니다.

"베드로와 함께 온 할례 받은 신자들이 이방인들에게도 성령 부어 주심을 인하여 놀라니 이는 방언을 말하며 하나님 높임을 들음이러라"(행 10:45-46).

저는 성령의 역사에 대해 기록한 위의 말씀을 그대로 믿습니다. 믿는 사람이라면 누구든지 기도하다가 방언을 체험하기 바랍니다. 기도 중에 새로운 언어들, 신비한 언어들을 경험하기를 바랍니다. 성령이 역사하시면 방언으로 기도하고 말하며 찬양하기도 합니다. 이것은 놀랍고 신비한 경험입니다.

어렸을 때 어느 시골집에 놀러 간 적이 있는데, 그 집 주인은 예수님을 참 잘 믿는 분이셨습니다. 그 집에서 잠을 자고 새벽에 눈을 떴는데 주인 아주머니가 기도하는 소리가 들렸습니다. 그분은 방언으로 기도하고 있었는데 그렇게 아름다운 기도 소리는 난생 처음 들었습니다. 방언 기도 소리가 마치 아름다운 음악같이 들려왔습니다. '아! 저런 기도를 어떻게 할 수 있을까?' 방언을 몰랐던 어린 나이에도 매우 부러워했던 기억이 납니다. 성령이 충만하면 아름다운 기도, 충만한 기도, 감격스러운 기도, 새로운 찬양 같은 아름다운 방언들이 나타납니다.

초대 교회 성도들이 성령 충만하여 입술 밖으로 쏟아냈던 방언의 내용은 하나님을 높이는 것이었습니다. 그들은 이방인이었음에도 성령을 받은 후에는 방언으로 하나님을 높였던 것입니다. 하나님을 찬양하는 말을 자꾸 하더라는 것입니다. 이것이 성령 세례 받은 또 하나의 표적입니다.

은혜를 받은 사람은 어떤 식으로든 표가 납니다. 어떤 사람은 무조건 "할렐루야!"를 외칩니다. 제가 아는 어떤 목사님은 수화기를 들면 "할렐루야"부터 말합니다. 처음에는 그런 행동에 대해 이해하기 어려웠는데, 제가 성령을 사모하며 사랑하는 눈으로 보니까 이제는 무슨 표현을 해도 다 좋게 보입니다. 은혜 받은 사람은 무슨 일이 닥쳐도 "주님을 찬양합니다!" "아멘!"을 외칩니다.

이처럼 영으로 하는 기도의 소중함은 아무리 강조해도 지나치지 않습니다. 그러므로 예수님을 믿는 모든 사람들에게 방언의 역사가 일어나길 바랍니다. 아름다운 방언, 능력 있는 방언, 충만한 방언을 할 수 있게 되길 바랍니다. 능력이 있는 기도, 능력이 있는 찬양을 경험하길 원합니다. 방언을 말할 때마다 "아멘", "할렐루야", "감사합니다", "찬양합니다"라는 말들이 순간순간 호흡처럼 우리의 마음속에서 샘처럼 흘러넘칠 그날을 기대합니다.

12. 하나님을 알려 달라고 기도하십시오

에베소 성도들을 향한 바울의 첫 번째 기도 제목은 "그들에게 지혜와 계시의 정신을 주셔서 하나님을 알게 해 주옵소서"였습니다.

"우리 주 예수 그리스도의 하나님, 영광의 아버지께서 지혜와 계시의 정신을 너희에게 주사 하나님을 알게 하시고"(엡 1:17).

우리는 기도할 때 현실 문제에 급급해서 기도하기 쉽습니다. 그러나 현실에서 일어나고 있는 문제만 놓고 기도하다 보면 정작 중요한 기도를 하지 못할 수가 있습니다.

기도의 내용에는 기본적으로 찬양과 고백과 감사와 간구, 이 네 가지가 있습니다. 그러나 실제로 기도를 해 보면 어떤 기도가 제일 많은 부분을 차지합니까? 찬양입니까, 감사입니까, 죄 고백입니까, 아니면 "주시옵소서" 하는 간구입니까? 당신이 드리는 기도의 내용을 한번 살펴보십시오. 아마 거의 "주시옵소서!"라는 간구로 채워져 있음을 발견할 것입니다.

왜 그렇습니까? 현실 문제에 급급하기 때문입니다. 현실 문제에 급급해 있으면 간구밖에 드릴 기도가 없습니다. 현실에 얽매여 있으면 문제의 노예가 되고, 마음의 여유가 없으며, 하나님이 어떤 분이신지, 하나님의 사랑이 어떤 것인지를 생각할 겨를이 없습니다.

사도 바울의 기도 내용을 보면 우리가 드리는 기도와 확연한 차이를 느낄 수 있습니다. 바울의 기도도 간구는 간구인데 그 내용이 우리의 기도 내용과 다르다는 사실을 발견하게 됩니다. 바울은 사랑하는 에베소 성도들을 위해 이렇게 기도했습니다.

"하나님 아버지, 사랑하는 에베소 성도들이 하나님을 아는 일에 더욱 깊어지게 도와주십시오. 하나님을 아는 일에 충성하도록 도와주십시오. 하나님을 아는 지식이 풍성하게 해 주십시오."

이것이 바울이 에베소 성도를 위해 간절히 드렸던 기도 내용입니다. 우리의 기도와 얼마나 다른지요? 하나님을 아는 일은 우리에게도 시급한 기도 제목입니다. 이보다 더 급한 일은 없습니다. 하나님을 모른 채 기도한다고 생각해 보십시오. 얼마나 큰 비극입니까? 하나님을 깊이 알지 못한 채 봉사해 보십시오. 얼마나 많은 실수를 저지르겠습니까? 하나님을 알지 못한 채 열심을 내 보십시오. 얼마나 엉뚱한 결과를 가져오겠습니까? 성도들 사이뿐 아니라 하나님과 인간 사이에서도 가장 중요한 것은 하나님을 아는 일입니다.

그러므로 우리도 이 기도를 드려야 합니다. 지금 당장 이렇게 기도하십시오.

"하나님, 하나님을 알기 원합니다. 하나님의 심정을 제가 알기 원합니다. 오늘 하나님께서 제가 무엇을 하기 원하시는지 알기 원합니다."

13. 금식하며 기도하십시오

금식 기도는 분명히 하나님이 기뻐하시는 기도입니다. 그러나 일반 기도와는 달리 금식 기도는 외적으로 표시가 나기 쉽습니다. 그렇다면 금식 기도할 때 우리는 어떤 자세를 취해야 할까요? 예수님은 금식 기도할 때 유의해야 할 두 가지를 가르쳐 주셨습니다.

"금식할 때에 너희는 외식하는 자들과 같이 슬픈 기색을 내지 말라 저희는 금식하는 것을 사람에게 보이려고 얼굴을 흉하게 하느니라 내가 진실로 너희에게 이르노니 저희는 자기 상을 이미 받았느니라 너는 금식할 때에 머리에 기름을 바르고 얼굴을 씻으라"(마 6:16-17).

첫째는 슬픈 기색을 띠지 말라고 하셨습니다. 유대인들은 일주일에 두 번, 월요일과 목요일에 금식했는데 특별히 그날은 장날이기 때문에 사람들이 많이 모였습니다. 따라서 금식하는 모습을 보여 주거나 자신이 얼마나 많이 기도하고 경건한 사람인가를 보여 주기에 적절한 날이었습니다.

그들은 일부러 머리를 풀어 헤쳤습니다. 그리고 얼굴에는 창백하게 보이는 화장을 하고, 해어진 옷을 입고 땅바닥에 옷을 질질 끌면서 "오, 하나님"이라고 외치면서 돌아다녔습니다. 스스로 가장 금식을 잘하는 것처럼 회칠을 했던 것입니다. 당시에 그런 사람들이 많이 있었기 때문에 예수님은 그들을 향하여 "사람에게 보이려고 금식하지 말라", "슬픈 기색을 띠지 말라", "정말 창백해지면 사람 앞에 나타나지 말라"고 말씀하신 것입니다.

둘째는 금식할 때 머리를 곱게 빗고 얼굴을 깨끗이 닦으라고 하셨습니다. 즉 평상시와 동일하게 하고 티를 내지 말라고 하셨습니다. 다른 사람들에게 외적으로도 금식하는지 모르게 하라는 것입니다.

예수님은 사십 일 간 금식했다고 자랑하신 적이 한 번도 없습니다. 이것은 매우 중요한 사실입니다. 영적인 생활에 있어서 우리가 깊은 신앙 생활을 하는 것도 중요하지만 그것을 다른 사람에게 과시하지 않는 것은 더욱 중요합니다. 자신을 숨기면 하나님이 나타납니다. 자기 행위를 감추면 하나님의 의와 거룩함이 나타납니다. 자기가 죽을 때 예수님이 살아납니다.

금식은 우리의 영적 유익을 위해 하나님 앞에 나아가는 겸손이기 때문에 이것을 신앙의 도구나 의의 도구로 잘못 써서는 안 됩니다. 금식을 잘못 사용한 예가 성경에도 나와 있습니다. "이르기를 우리가 금식하되 주께서 보지 아니하심은 어찜이오며 우리가 마음을 괴롭게 하되 주께서 알

아주지 아니하심은 어찜이니이까"(사 58:3). 이들은 금식 기도를 했는데 왜 응답해 주시지 않느냐고 하나님에게 항의하고 있습니다.

이에 대해 하나님은 응답하지 않은 이유를 다음과 같이 대답하셨습니다. 첫째, 그들은 금식하면서 오락을 찾아 얻었다. 밥은 굶었지만 다른 오락을 즐겼다는 것입니다. 둘째, 금식하면서 일하는 사람들에게 강제로 노동을 시켰다. 셋째, 금식하면서 계속 다투고 주먹질하였다.

하나님은 이런 금식은 아무 소용이 없으며, 기뻐하지도 않으시고, 아무 의미가 없다고 분명히 말씀하십니다. 위의 금식은 결국 자기 학대요, 자기 과신에 불과한 것이었습니다.

그렇다면 하나님이 기뻐하시는 금식은 어떤 것입니까? 하나님은 매우 구체적으로 가르쳐 주십니다.

> "나의 기뻐하는 금식은 흉악의 결박을 풀어 주며 멍에의 줄을 끌러 주며 압제당하는 자를 자유케 하며 모든 멍에를 꺾는 것이 아니겠느냐 또 주린 자에게 네 식물을 나눠 주며 유리하는 빈민을 네 집에 들이며 벗은 자를 보면 입히며 또 네 골육을 피하여 스스로 숨지 아니하는 것이 아니겠느냐"(사 58:6-7).

먼저, 하나님은 사람들을 학대하거나 착취해서 벌어들인 악한 돈은 결코 받으시지 않습니다. 나쁜 방법으로 돈 벌어서 좋은 일하는 것, 전시 효과를 노리는 것을 기뻐하시지 않습니다. 하나님은 사람들을 압박의 사슬에서 풀어 주고, 멍에의 줄을 끌러 주고, 압제당하는 자를 자유케 하며, 모든 멍에를 꺾는 것을 기뻐하십니다.

또한 금식을 하면서 가난한 자에게 봉사하는 것을 하나님은 진정한 금식이라고 하십니다. 굶주린 자에게는 먹을 것을 주고, 집 없이 떠돌아다니는 자들에게 쉴 곳을 주며, 벗은 자에게는 입을 옷을 주라고 말씀하셨습니다. 사실 우리는 지금 많은 축복을 누리고 있습니다. 주어진 것들을 누리지만 말고 나누어 주는 자가 되어야 합니다.

하나님은 가난한 자를 돌보고 헐벗은 자를 입히고 압제당한 자를 도와주는 것이 진정한 금식이라고 분명히 말씀하셨습니다. 더불어 "네 골육을 피하여 스스로 숨지 아니하는 것이 아니겠느냐"라고 말씀하셨습니다. 귀찮은 친척을 잘 돌보는 것이 금식의 참된 의미라는 것입니다.

마지막으로, 금식이란 단순히 먹고 마시는 것을 절제하는 것만을 의미하지 않습니다. 우리 삶 전체의 성결과 거룩과 절제를 요구하는 것입니다. 중독에 빠진 것은 그것이 무엇이든 간에 모두 끊어야 합니다. 알코올 중독, 담배 중독, 도박 중독, 인터넷 중독 등 우리를 붙잡아 망가뜨리는 것은 많습니다. 그리스도인이라면 이것을 끊어 버리는 것이 주님의 뜻임을 알고, 고통스럽더라도 그곳에서 헤어나오도록 결단하고 노력을 거듭해야 할 것입니다.

금식 병에 걸리지 마십시오. 예수님이 가르쳐 주신 방법대로 가끔 금식을 하십시오. 그리고 하나님이 기뻐하시는 금식을 하십시오. 그때에 우리는 물질에서 자유할 것이며, 욕심에서 자유로울 것입니다.

14. 때로 홀로 기도의 산에 오르십시오

오병이어 기적을 일으키신 예수님은 그 직후 제자들과 청중을 해산시키신 다음 조용히 산으로 올라가서 기도하셨습니다.

"예수께서 즉시 제자들을 재촉하사 자기가 무리를 보내는 동안에 배를 타고 앞서 건너편으로 가게 하시고 무리를 보내신 후에 기도하러 따로 산에 올라가시다 저물매 거기 혼자 계시더니"(마 14:22-23).

예수님은 인기나 민중 혁명을 거부하시고 자신을 따르는 군중을 흩으신 후 기도하시러 홀로 산에 올라가셨습니다.

예수님은 기도하는 분이셨습니다. 예수님은 위기 때마다 기도하셨습니다. 삼십 년 동안 준비하신 후 공식적으로 천국 사역을 시작하실 때, 예수님은 광야에서 사십 일 간 금식 기도를 하셨습니다. 십자가 죽음을 눈앞에 두고, 정말 그 잔을 피하고 싶으셨을 때도 예수님은 기도하셨습니다. "하나님, 이 십자가를 꼭 져야 합니까?" 하며 자기 자신과 싸워야 하는 위기에 부딪혔을 때도 예수님은 겟세마네 동산에 올라가 무릎 꿇고 간절히 기도하셨습니다.

우리도 예수님처럼 기도해야 합니다. 바쁘고 일이 많을수록 더 많이 기도해야 합니다. 쫓길수록 더 많이 조용한 시간을 가져야 합니다. 예수님의 모범을 따라야 합니다. 수많은 군중과 인기, 함성 가운데 파묻혀 있어서는 안 됩니다. 사람을 떠나고 환경을 떠나서 무릎을 꿇고 하나님에게 기도해야 합니다.

혹시 지금 중요한 결정을 앞두고 있습니까? 인생 최대의 선택을 해야 하는 기로에 있습니까? 흥분하지 마십시오. 사람을 쫓아다니지 마십시오. 홀로 하나님 앞에 나아가 기도하십시오. 그럴 때일수록 하나님을 만나러 홀로 기도의 산에 오르십시오.

15. 새벽에 기도하십시오

한때 베스트셀러였던 「아침형 인간」이란 책 이름을 들어 본 적이 있을 것입니다. 그 책이 주장하는 것처럼, 아침 시간을 잘 활용하면 삶의 유익을 얻을 수 있습니다. 그러나 그리스도인은 거기서 한 발 더 나아가 새벽을 깨우는 새벽형 인간이어야 합니다. 그렇다면 새벽 기도에는 어떤 유익이 있을까요?

첫 번째, 하나님과 깊은 교제를 할 수 있습니다. 새벽은 하루 중 가장 맑고 신선한 시간입니다. 보통 낮보다 맑고 깨끗하며 집중이 잘 되는 시간입니다. 성경에도 새벽에 하나님을 만나는 많은 경험들이 소개되고 있습니다.

특별히 시편 기자들은 새벽을 살았던 사람들입니다. 시편 46편 5절은 "하나님이 그 성중에 거하시매 성이 요동치 아니할 것이라 새벽에 하나님이 도우시리로다"라고 했습니다. 그리고 시편 110편 3절은 "주의 권능의

날에 주의 백성이 거룩한 옷을 입고 즐거이 헌신하니 새벽 이슬 같은 주의 청년들이 주께 나오는도다"라고 했고, 시편 119편 147절은 "내가 새벽 전에 부르짖으며 주의 말씀을 바랐사오며 주의 말씀을 묵상하려고 내 눈이 야경이 깊기 전에 깨었나이다"라고 했습니다. 이 얼마나 놀라운 말씀들입니까.

또 우리에게 익숙한 이런 말씀도 있습니다. "여호와여 아침에 주께서 나의 소리를 들으시리니 아침에 내가 주께 기도하고 바라리이다"(시 5:3). "하나님이여 내 마음이 확정되었고 내 마음이 확정되었사오니 내가 노래하고 내가 찬송하리이다 내 영광아 깰지어다 비파야, 수금아, 깰지어다 내가 새벽을 깨우리로다"(시 57:7–8).

두 번째, 새벽에 일찍 일어나려면 밤에 일찍 자야 하는데, 바로 이것이 우리에게 유익이 됩니다. 대부분의 사람들은 밤에 늦게 잠을 잡니다. 마지막 프로그램이 끝나고 애국가가 흘러나올 때까지 TV를 시청하고 자정을 훨씬 넘겨 잠자리에 듭니다. 물론 특별한 경우 밤늦게까지 일할 수도 있고, 밤을 샐 수도 있습니다. 그러나 그것은 정상적인 생활 모습이 아닙니다.

동물들은 해가 지면 잠을 잡니다. 그리고 새벽에 동이 터오면 일어납니다. 일찍 자고 일찍 일어나는 그들에게는 잠 못 이루는 밤이 없습니다. 그런데 유독 죄를 짓고 타락한 이후의 인간에게만 잠 못 이루는 밤이 있습니다. 요즘에는 어른들만이 아니라 청소년, 어린이들까지 잠자리에 드는 시간이 매우 늦어졌습니다.

새벽 4시에 일어나려면 적어도 저녁 9시에는 자야 합니다. 새벽을 깨우는 습관이 든 사람은 자연스럽게 9시경부터는 졸리게 마련입니다. 이렇게 되면 삶의 형태들이 단순해집니다. 밤늦게 전화를 받거나 사람을 만날 일도 없습니다. 오히려 자기에게 주어진 일에 더욱 성실하게 되고 여러 가지 잡다한 생각을 하지 않게 됩니다.

이처럼 새벽을 깨우기 위해서는 우선 밤 문화를 청산해야 합니다. 밤 문화는 죄의 문화와 직결되기 때문입니다. 새벽이나 대낮부터 술 먹고 타락하는 사람이 어디 있습니까? 일반적으로 모든 죄악은 밤에 이루어집니다. 밤에 늦게 자기 때문에 모든 고민과 갈등이 생겨나며 건강까지 나빠지게 됩니다. 새벽에 일찍 일어나서 생활하는 사람 치고 병들거나 약한 사람은 거의 없다는 사실을 기억하십시오. 새벽에 일찍 일어나면 건강해질 뿐 아니라 죄를 덜 짓게 됩니다.

세 번째, 오전에 최소한 3-4시간의 황금 같은 시간을 확보하게 됩니다. 이러한 아침의 여유를 소유한 사람과 그렇지 못한 사람의 하루는 양과 질에서 모두 차이가 납니다. 늘 시간에 쫓겨 살면 시간의 노예가 되어 행복하지 않은 삶을 살게 됩니다. 그러나 새벽에 일찍 일어나 아침의 여유를 확보한 사람은 오히려 시간을 다스리며 자신 있는 하루를 살게 됩니다. 왜냐하면 그 시간에 충분히 기도하며 말씀 읽고 하나님과 교제를 했기 때문입니다. 그 시간을 통해 하나님으로부터 하루를 넉넉히 살 힘을 공급받았기 때문입니다. 뿐만 아닙니다. 그 시간에 공부를 할 수도 있고, 운동을 할 수도 있으며, 음악을 들을 수도 있습니다. 얼마나 놀라운 축복입니까?

네 번째, 새벽 기도를 하면 하나님의 응답과 기적들이 나타납니다. 새벽 기도뿐이겠습니까? 철야 기도나 금식 기도를 하면 반드시 응답과 기적이 일어납니다. 예레미야 33장 3절은 "너는 내게 부르짖으라 내가 네게 응답하겠고 네가 알지 못하는 크고 비밀한 일을 네게 보이리라"고 말씀합니다. 특별히 새벽마다 일정한 시간에 일어나 하나님에게 부르짖는다면 어찌 그 응답과 기적이 일어나지 않겠습니까?

새벽 기도를 강조하는 어떤 목사님은 이렇게 말했습니다. "아침 일찍 일어나서 성경, 찬송가를 끼고 운동화 신고 함께 손잡고 교회에 나오는 부부는 절대로 이혼할 수 없다." 생각해 보니 옳은 말입니다. 또 어떤 목사님은 새벽 기도회를 빠지지 않고 나오는 교인은 '주일 성수해라, 십일조해라, 봉사해라' 하고 따로 말할 필요가 없다고 했습니다. 새벽 기도회를 빠지지 않고 나오는 사람이 어찌 이런 문제로 고민하겠느냐는 것입니다.

새벽 미명에 매일 교회에 나와서 기도한다면, 그는 분명히 대단한 변화와 결단을 경험한 사람임에 틀림없습니다. 제자 훈련을 하다 보면 변화받는 사람이 많으나 그렇지 않은 경우도 많이 있는 것을 봅니다. 그러나 새벽을 사는 사람들이나 새벽에 교회 나와서 중보 기도 하는 사람들은 거의 대부분 신앙 생활이 깊고 성령 안에서 변화받은 사람들입니다.

일반적으로 한 교회의 새벽 기도회에 모이는 성도 숫자는 그 교회 주일 낮 예배의 십분의 일에 해당합니다. 이로 볼 때, 새벽의 중보 기도자가 십일조에 해당된다는 생각이 듭니다. 만약 주일 낮 예배에 보이는 숫자의 십분의 일 이상이 새벽마다 부르짖고 기도한다면, 분명히 그 교회에 성령의 바람과 불이 역사하며 놀라운 변화와 기적들이 일어날 것입니다. 새벽 기도에 불이 붙으면 교회는 부흥의 불이 붙기 시작할 것입니다. 새벽 기도가 살아나면 성도들이 모든 신앙 생활에 생기를 얻고, 기적과 축복들이 계속 나타나게 될 것입니다.

16. 위대한 그리스도인들은 새벽 기도의 사람이었습니다

신앙 생활을 능력 있게 꾸준히 잘할 수 있는 방법 가운데 하나는 '새벽 기도' 를 하는 것입니다. 만일 우리가 매일 새벽 4시에 일어나서 하나님을 찬양하고, 그분의 말씀을 묵상하고, 우리의 모든 사정을 아뢰으로써 하루를 시작한다면 우리의 삶은 놀랍게 변화될 것입니다.

예수님도 새벽에 기도하셨습니다. "새벽 오히려 미명에 예수께서 일어나 나가 한적한 곳으로 가사 거기서 기도하시더니"(막 1:35). 반면 대부분의 사람들은 새벽 기도를 힘들어합니다. 그러나 이 문제를 극복하고 새벽 기도를 매일 드릴 수만 있다면, 얼마나 놀랍고 능력 있는 삶을 살 수 있겠습니까?

항상 답을 몰라서 문제가 되는 경우는 별로 없습니다. 답은 알고 있는데 그대로 실천을 못 해서 항상 문제입니다. 우리는 "과연 새벽 기도는 그렇게 어렵고 힘든 것일까?" 하는 질문을 하게 됩니다. 그러나 그것도 마음먹기에 달려 있다고 말하고 싶습니다. 새벽 기도를 한다는 것 자체를 엄두도 못 내고 있을 뿐이지 실제로 마음먹고 시작하면 아무것도 아니며, 나중에는 별로 어렵지 않은 것임을 깨닫게 됩니다.

역사상 위대한 신앙의 위인들은 모두 기도의 사람이었고, 특별히 새벽에 기도했던 사람들입니다. 그들의 인생의 방향은 새벽에 결정되었고, 그들의 영적 전투는 새벽에 완성되었습니다.

새벽에 기도하십시오. 저는 가끔 너무 힘들면 새벽 두 시에도 일어나서 혼자 엉엉 웁니다. 사람 앞에서 울 수 없으니 혼자 하나님 앞에서 투정 부리며 웁니다. 그러다가도 아침이 되면 언제 그랬냐는 듯이 눈을 뜹니다. 기분이 얼마나 좋은지 모릅니다. 하나님에게 구하십시오. 매달리십시오. 그분에게 간절하게 기도하고 찬송하며 영광을 돌리면 기적이 일어납니다. 이것보다 더 좋은 무기는 없습니다.

"여호와여 오직 주께 내가 부르짖었사오니 아침에 나의 기도가 주의 앞에 달하리이다"(시 88:13).

17. 서로 안수하며 기도하십시오

사마리아에 있는 성도들에게 성령의 세례가 언제 임했습니까? 사도가 안수할 때였습니다.

"이에 두 사도가 저희에게 안수하매 성령을 받는지라"(행 8:17).

성령 세례는 안수할 때, 기도할 때 일어납니다. 그러므로 성령 세례를 받기 원한다면 기도해야 합니다. 기도하면 성령의 세례를 더 빨리 받을 수 있습니다. 어떤 경우에는 안수를 하면 더 빨리 받습니다. 특별히 신령한 사람들이 안수할 때 성령의 역사가 더 빨리 일어나기도 합니다.

우리가 마치 어린아이같이 기도하고, 성령을 사모하며, 말씀을 들을 때 하나님의 성령은 우리를 만나 주십니다. 성령의 세례가 임하면 놀라운 일들이 일어납니다. 그러나 겉으로 아무 일도 일어나지 않을 수도 있습니다. 어떤 사람에겐 성령이 조용하게 비둘기처럼 임하기도 합니다.

초대 교회 사람들은 성령과 지혜가 충만하며 칭찬받는 사람 일곱을 뽑아서 사도들 앞에 세웠습니다. 사도들은 그들을 위해서 기도하고 안수해 주었습니다. "사도들 앞에 세우니 사도들이 기도하고 그들에게 안수하니라 하나님의 말씀이 점점 왕성하여 예루살렘에 있는 제자의 수가 더 심히 많아지고 허다한 제사장의 무리도 이 도에 복종하니라"(행 6:6-7).

안수는 영적 권위를 부여하는 행위입니다. 안수는 성령의 임재가 있음을 말해 주는 것입니다. 초대 교회 때 집사와 장로, 곧 일꾼들을 세우면서 사도들이 그들 위에 안수했습니다. 그 후 교회에 어떤 일들이 일어났습니까?

첫째, 말씀의 부흥이 일어났습니다. 둘째, 말씀의 부흥과 함께 예루살렘에 있는 제자의 수가 많아졌습니다. 교회는 말씀의 흥왕과 함께 교인의 수가 많아져야 진정으로 부흥합니다.

오늘부터 자녀들을 붙들고 매일 안수해 주십시오. 그냥 기도하지 말고 손을 꼭 잡아 주거나, 머리에 손을 얹거나, 가슴에 품어 주십시오. 그 중에서 예수님처럼 머리에 손을 얹는 것이 가장 좋습니다. 안수는 목사만 하는 것이 아닙니다. 성령 받은 사람은 모두 할 수 있습니다. 머리에 손을 얹은 후 자녀를 위해 매일 기도해 주십시오. 이것은 예수님의 방법입니다.

"그 어린아이들을 안고 저희 위에 안수하시고 축복하시니라"(막 10:16).

5. 기도는 반드시 이루어집니다

가장 좋은 선물은 기도하는 자에게 주어집니다
응답되지 않는 기도는 없습니다
응답의 축복을 누리는 비결이 있습니다
조금 만 더 기도하고 조금만 더 기다리십시오
포기는 기도의 시작이며 기도 응답의 지름길입니다
무제한의 창고에서 무제한의 공급을 받으십시오
하나님의 뜻을 헤아려 기도하십시오
먼저 하나님을 찾아야 합니다
열릴 때까지 두드리는 간절함을 가지십시오
기도에는 실천이 포함됩니다
기도 응답은 가장 적절한 때에 이루어집니다
우리도 하나님께 약속한 것을 지켜야 합니다

1. 가장 좋은 선물은 기도하는 자에게 주어집니다

"너희가 악할지라도 좋은 것을 자식에게 줄 줄 알거든 하물며 너희 천부께서 구하는 자에게 성령을 주시지 않겠느냐 하시니라"(눅 11:13).

우리 인생의 최대 축복은 성령이 임한 것입니다. 우리는 성령을 통해서 예수 그리스도를 영접하게 되고 예수 그리스도를 통해서 하나님을 "아바 아버지"라고 부를 수 있기 때문입니다.

병든 자의 응답도, 가난한 자의 응답도, 절망하는 자의 응답도 성령이십니다. 성령님은 삼위일체로 볼 때 살아 있는 하나님의 숨결이요, 예수 그리스도의 현현입니다. 성령은 바로 하나님이요, 예수 그리스도입니다. 우리가 느끼고 깨닫고 알 수 있는 하나님인 것입니다. 그리고 실제로 움직이고 응답하시는 그리스도입니다.

하나님은 하나님이신 예수 그리스도를 이 땅에 보내 주셨을 뿐 아니라,

하나님이신 성령을 우리에게 보내 주셨습니다. 마태복음 7장 7절은 이렇게 바꾸어 읽을 수 있습니다. "구하라 그러면 성령을 주실 것이요, 찾으라 그러면 성령을 찾을 것이요, 두드리라 그러면 성령을 만날 것이다."

오늘날 그리스도인들에게 가장 중요한 것은 성령을 체험하고 성령과 함께 사는 것입니다. 하나님은 우리에게 성령을 주기 원하십니다. 성령이 없는 그리스도인은 가장 불쌍한 그리스도인입니다.

성령이 우리에게 오시면 어떤 일이 일어납니까?

첫째, 권능을 받습니다. 사도행전 1장 8절은 "오직 성령이 너희에게 임하시면 너희가 권능을 받고 예루살렘과 온 유대와 사마리아와 땅 끝까지 이르러 내 증인이 되리라 하시니라"고 말씀합니다. 성령이 임하면 능력이 나타납니다. 이 능력은 나무를 부러뜨리고 바위를 깨뜨리는 등 위압적이고 파괴적인 능력이 아니라 사랑하는 능력이요, 용서하는 능력이요, 이해하는 능력이요, 긍휼을 베푸는 능력입니다.

또한 이 능력은 모든 백성을 그리스도에게로 인도하는 능력입니다. 성령이 우리에게 임하시면 우리는 예수님을 더 깊이 깨닫고 성령 충만한 삶을 살게 됩니다.

둘째, 순종의 삶이 나타납니다. 그리스도인의 삶의 절정은 순종입니다. 성령이 충만하면 순종하는 영, 복종하는 영이 생기게 됩니다. 순종은 지배보다 강합니다.

셋째, 열매 맺는 삶을 살게 됩니다. 갈라디아서에 성령의 열매가 소개

되고 있습니다. "오직 성령의 열매는 사랑과 희락과 화평과 오래 참음과 자비와 양선과 충성과 온유와 절제니 이 같은 것을 금지할 법이 없느니라"(갈 5:22-23).

성령이 우리에게 임하시면 겸손해지고, 절제하게 되며, 말할 수 없는 기쁨이 차고 넘치는 삶을 살게 됩니다. 이것보다 더 좋은 선물이 어디 있겠습니까?

이 가장 좋은 하나님의 선물은 기도하는 자에게만 주어집니다. 우리는 더욱 열심히 기도함으로 성령 충만한 복된 삶을 살아야겠습니다.

2. 응답되지 않는 기도는 없습니다

예수님은 수많은 사람들의 병을 고쳐 주셨습니다. 문둥병자를 고치고 백부장의 하인을 고쳐 주셨습니다. 그러고 나서 베드로의 집에 가 보니 그의 장모가 와 있었는데, 열병으로 매우 고생하고 있었습니다.

"예수께서 베드로의 집에 들어가사 그의 장모가 열병으로 앓아누운 것을 보시고 그의 손을 만지시니 열병이 떠나가고 여인이 일어나서 예수께 수종들더라 저물매 사람들이 귀신 들린 자를 많이 데리고 예수께 오거늘 예수께서 말씀으로 귀신들을 쫓아내시고 병든 자를 다 고치시니 이는 선지자 이사야로 하신 말씀에 우리 연약한 것을 친히 담당하시고 병을 짊어지셨도다 함을 이루려 하심이더라" (마 8:14-17).

마가복음과 누가복음을 종합해 보면 사람들이 예수님에게 나아와서 베드로의 병든 장모를 고쳐 주시기를 요구한 것으로 되어 있습니다. 이때 예수님은 손을 만지고 일으켜서 그 장모를 고쳐 주셨습니다. 병 고침 받은 장모는 즉시 일어나서 예수님에게 수종을 들었습니다.

여기에서 우리는 믿음으로 나오는 사람은 예수님이 결코 거절하지 않으신다는 사실을 발견합니다. 성경을 보면 예수님은 그 누구의 요구도 거절하신 적이 없습니다. 예수님 앞에 나온 사람은 문둥병자든, 베드로의 장모든, 가깝게 지내는 사람이든 그렇지 않든, 이방인이든 유대인이든 절대로 거절하지 않으셨습니다. 예수님은 언제든지 우리가 믿음으로 나아가서 요청할 때 만나 주시고, 위로해 주시며, 우리의 문제를 친히 해결해 주십니다.

성경을 자세히 상고해 보면, 예수님이 길거리를 가다가 불쌍한 사람이 있어서 요구하지도 않는데 고쳐 주신 적은 거의 없습니다. 반드시 그 사람에게 먼저 요구하게 하셨고, 그에 대해 한 번도 거절하지 않고 응답해 주시곤 했습니다. 이것은 은혜입니다.

그러나 예수님이 아무런 요구 없이 은혜를 베풀지는 않으셨습니다. 대가 없이 베푸는 것이 은혜지만, 예수님은 은혜를 베풀기 전에 단 한 가지만은 반드시 점검하셨습니다. 바로 그 사람의 믿음입니다. 이것이 믿음과 은혜의 관계입니다. 하나님은 믿음으로 요구하는 사람에게 풍성한 은혜를 베풀어 주십니다.

예수님은 우리에게 해결해야 할 많은 문제가 있다는 것을 아십니다. 그분은 우리가 그 문제들을 가지고 기도하기를 원하십니다. 아무리 힘들고 어려운 문제라 하더라도 우리가 믿음으로 하나님께 기도하고 요구하기를 바라십니다.

그 예를 마가복음 9장 14-29절에서 볼 수 있습니다. 어떤 사람이 귀신 들린 자녀를 예수님의 제자들에게 데려왔습니다. 그러나 제자들은 귀신을 쫓아내지 못했습니다. 그 아버지의 심정이 어떠했겠습니까? 예수님이 오셔서 무슨 일이냐고 물으셨습니다. 아버지가 아이의 문제를 설명하면서 예수님에게 "무엇을 하실 수 있거든 우리를 불쌍히 여기사 도와주옵소서"라고 했습니다.

이때 예수님은 이 요구를 그냥 들어주지 않으셨습니다. 이 아버지의 요구가 잘못된 것이라고 지적해 주십니다. "할 수 있거든이 무슨 말이냐 믿는 자에게는 능치 못할 일이 없느니라"고 하셨습니다. 그러자 아이의 아버지는 자신 안에 믿음이 없다는 사실을 발견하게 되었습니다. 그래서 그는 "나의 믿음 없는 것을 도와주소서"라고 고백합니다.

예수님은 우리에게 어떤 요구를 하고 계십니까? '할 수 있거든' 이 아니라 '믿음' 으로 나아와서 간구할 것을 요구하십니다. 믿음 없는 것을 도와주시겠다고 말씀하십니다. 오직 믿음이 있어야 문제를 해결해 주시겠다고 말씀하십니다. 예수님이 우리에게 요구하시는 것은 믿음입니다.

하나님이 우리에게 요구하시는 것은 믿음이지 상황이 아닙니다. 중요한 것은 불가능한가 가능한가가 아닙니다. 어려운가 쉬운가가 중요하지 않습니다. 오직 믿음입니다. 하나님이 하실 수 있음을 믿느냐 하는 것입니다. 예수님이 우리의 문제에 대해서 응답하실 것을 믿느냐 하는 것입니다. 이것이 믿어진다면 그대로 응답될 것입니다.

우리의 기도 가운데 하나님이 아주 곤란하게 여기시는 기도가 있습니다. 그것은 "하나님이 다 알아서 해 주세요"라는 기도입니다. 이것은 때로 순종도 위탁도 아닌, 믿음을 가장한 게으름일 수 있기 때문입니다. 책임 회피일 수 있기 때문입니다. 자기의 믿음 없는 것에 대한 회피일 수도 있습니다.

예를 들어, 어떤 사람에게 얼마를 주면 되겠느냐고 물을 때 "알아서 주십시오"라고 대답하는 것처럼 질문자를 곤란하게 하는 대답은 없습니다. 이런 사람일수록 적게 주면 불평이 많습니다. 자기 마음에는 이미 계산이 다 되어 있습니다. 이는 주는 사람을 불편하게 하는 태도입니다.

하나님에게 나아갈 때는 믿음으로 나아가야 합니다. 정확하게 나아가야 합니다. 은혜는 믿음과 만나는 선이기 때문입니다. 우리가 믿음으로 기도하면 하나님은 반드시 응답해 주십니다.

3. 응답의 축복을 누리는 비결이 있습니다

우리는 기도할 때 내가 하는 기도가 모두 응답되기를 바랍니다. 그러나 기도하는 것마다 다 우리 뜻대로 무조건 응답되지는 않습니다. 과연 어떻게 하면 응답받는 축복을 누릴 수 있을까요?

첫째, 단순해야 합니다. 복잡하게 생각하거나 구하지 마십시오. 신앙이란 단순하고 솔직해야 합니다. 하나님 앞에서는 꾸미지 말고 정직해야 합니다. 복잡하게 구하면 응답도 복잡해집니다. 어린아이처럼 단순하고 깨끗해야 합니다.

둘째, 하나님을 신뢰해야 합니다. 믿음이 없으면 바람에 밀려다니는 겨와 같다고 했습니다. 구하면 주실 것을 믿으십시오. 신뢰하고 기다리십시오. 일 년 후에 주실지 아브라함같이 이십오 년 후에 주실지 모르지만 꼭 주십니다. 하나님의 뜻 안에서 구했다면 의심하지 말고 그냥 믿으십시오.

셋째, 인내해야 합니다. 믿는 자의 특징은 기다림입니다. 오늘 모든 것을 즉시 이루어 달라고 말하지 마십시오. 그것은 신앙이 아닙니다. 믿음에는 인내가 필요합니다. 하나님은 한 아기가 잉태되어 세상에 태어나는 과정에도 열 달이라는 시간을 들여서 준비시키십니다. 시간을 잘 이해하십시오. 기다림 속에 하나님은 우리에게 성숙을 주십니다.

어린아이처럼 단순하게, 하나님을 신뢰함으로, 끝까지 인내하며 구하는 기도는 꼭 응답받는다는 것을 믿으십시오.

4. 조금 만 더 기도하고 조금만 더 기다리십시오

오랫동안 기도 응답을 받지 못할 때 우리는 낙심합니다. "왜 기도 응답이 없을까?", "얼마나 더 오래 기다려야 하는가?" 초조해 하며 때로는 더 기다리지 못하고 포기하고 맙니다.

아브라함이 하나님의 음성을 자주 들은 것 같지만 그렇지 않습니다. 창세기를 살펴보면, 아브라함은 하나님의 음성을 십 년 만에, 또는 몇십 년 만에 들었습니다. 그가 아이를 낳은 때는 백 살인데 그 약속을 받은 것은 칠십오 세쯤이었습니다. 그러니까 하나님이 이십오 년 정도를 기다리게 하시면서 매우 더디게 말씀하신 것입니다. 황홀하게 매일 하나님의 음성을 들은 것이 아니었습니다.

표지판 하나에 목적지까지 가는 길이 다 적혀 있는 경우는 드뭅니다. 우리는 이정표를 보며 한 목적지에 이르고, 그곳에서 다음 목적지를 안내하는 새로운 이정표를 보며 '내가 지금까지 맞게 왔구나' 하는 안도감과 함께 새로운 여정을 시작할 수 있게 되는 것입니다.

아브라함을 보십시오. 말씀 하나 붙들고 몇 년을 기다리면서 그 말씀을 음미하고 또 음미합니다. 그것이 믿음입니다. 하나님은 우리가 기도만 하면 "동쪽으로 가라, 서쪽으로 가라, 빨간색을 골라라, 노란색을 골라라" 그렇게 말씀하시는 분이 아닙니다. 하나님은 우리 인생 전체를 인도하십니다. 그분은 우리에게 지혜와 지식과 경험 등을 주시고, 우리가 그것들을 잘 사용하면서 하나님의 뜻을 이루어 나가길 원하십니다. 우리 하나님은 그렇게 우리를 인도하십니다.

하나님은 기도 접수가 늦었다고 늦게 응답하시거나 거절하시는 분이 아닙니다. 이미 우리를 향한 모든 결정이 끝나셨습니다. 우리를 위해 모든 계획을 가지고 계십니다. 우리의 미래는 하나님의 손 안에 있습니다. 하나님 뜻에 순종하면 그분 안에서 풍성하게 누릴 수 있습니다.

하나님은 우리의 생애 가운데 위대한 일을 계획하시고 행하십니다. 우리가 위대하고 위대하지 않고는 상관이 없습니다. 그분이 위대하십니다. 우리는 믿고 순종하며 따라가기만 하면 됩니다.

그리고 하나님의 위대한 일을 이루기 위해서는 반드시 기도가 필요합니다. 사실 기도하는 것처럼 쉬운 일이 어디 있습니까? 몸에 큰 이상이 없는 한 밥 먹는 것은 누구든지 할 수 있듯이 기도도 누구든지 할 수 있습니다. 누구든지 어디서든지 하나님을 신뢰하고, 마음만 먹으면 할 수 있는 것이 기도입니다. 그렇게 기도하기 바랍니다.

기도와 믿음은 불가분의 관계입니다. 우리는 하나님이 우리 삶 가운데 위대한 일을 행하신다는 사실을 믿고, 행하시는 그 일을 위해 기도해야 합니다. 기도한 것은 모두 하나님이 반드시 이루실 것을 믿어야 합니다.

5. 포기는 기도의 시작이며 기도 응답의 지름길입니다

"전능하신 하나님이 그 사람 앞에서 너희에게 은혜를 베푸사 그 사람으로 너희 다른 형제와 베냐민을 돌려보내게 하시기를 원하노라 내가 자식을 잃게 되면 잃으리로다 그 사람들이 그 예물을 취하고 갑절 돈을 자기들의 손에 가지고 베냐민을 데리고 애굽에 내려가서 요셉의 앞에 서니라"(창 43:14-15).

이 말씀에서 야곱은 어떤 결단을 합니까? 그는 원하지는 않지만 어쩔 수 없이 아들을 포기합니다. 자기가 가장 사랑하는 아들을 포기한 것입니다. 그런데 그가 가장 중요하다고 생각하는 것을 포기하고 난 후 몇 가지 사건이 일어납니다.

우선 야곱이 드디어 하나님을 생각하고 입으로 그것을 말합니다. "전능하신 하나님이 너희들에게 은혜를 베풀어 주시기를 원하노라." 얼마나 멋있습니까? 얼마나 능력 있는 기도입니까? 이것이 겸손입니다. 이것이 하나님에게 전적으로 항복한 모습입니다. 야곱은 기도를 배우기 시작합니다. 전능하신 하나님을 바라보기 시작했다는 것입니다.

그 다음에는 야곱이 상상할 수 없는 말을 합니다. "내가 자식을 잃으면 잃으리라." 자식을 절대 포기할 수 없다고 했었는데 이제는 "잃으면 잃으리라"고 말합니다. 우리는 여기서 깨달아야 합니다. 자식을 포기해야 하나님이 보인다는 사실을 말입니다.

하나님이 안 보이는 것은 자식을 포기하지 않기 때문입니다. 우리의 자식은 하나님의 것입니다. 우리는 관리인에 불과합니다. 청지기에 불과합니다. 그런데 항상 자식을 끼고 다니면서 내 것이라고 생각합니다. 야곱처럼 "잃으면 잃으리라" 고백하면서 하나님 앞에 내놓으십시오. 하나님이 우리의 자녀를 책임져 주신다는 것을 믿으십시오. 그래야 자녀들이 변합니다. 내가 키우면 나 정도밖에 안됩니다. 양육권을 하나님에게 드리십시오.

포기하는 기도를 하십시오. 포기는 자유를 낳습니다. 복의 길목을 막는 것은 우리 자신입니다. 우리가 막고 있던 길목에서 비켜서면 복이 들어옵니다. 대부분의 사람들은 시시하고 자기에게 별로 중요하지 않은 것은 선뜻 잘 내어줍니다. 그러나 자신이 정말 중요하게 생각하는 것은 내놓지 않습니다. 교회도 올 만하니까 오는 사람이 많지, 포기하고 오는 사람은 그리 많지 않을 것입니다. 만약 예배드릴 동안 개인적으로 몇백만 원 손해를 본다면 그것을 포기하고 교회에 오는 사람이 얼마나 되겠습니까?

자신에게 있는 것 중에서 제일 좋은 것, 가장 중요한 것을 한번 포기해 보십시오. 그것은 매우 어려운 일입니다. 그러나 포기는 무척 중요합니다. 포기는 모든 억압에서 우리를 해방시켜 줍니다. 야곱은 베냐민을 도저히 포기할 수 없었지만, 결국 포기하자 복이 임하기 시작했습니다. 그는 기도를 배우고 하나님을 생각하기 시작합니다.

우리도 그렇습니다. 아들을 군대에 보내야 새벽 기도 나옵니다. 자녀를 시집, 장가 보내야 기도하기 시작합니다. 떠나 보내고 포기해야 하나님 앞으로 나옵니다. 포기하면 자유함이 시작됩니다. 포기하면 마음이 순수해집니다. 반대로 욕심 때문에 포기하지 않는 순간부터 '욕망'의 종이 됩니다.

그러나 포기는 자연스럽게 하거나 쉽게 할 수 있는 것이 아닙니다. 우리의 결단이 필요합니다. 포기하기 위해서 밤잠을 설치며 고민해야 할 때도 있습니다. 또한 포기하는 것은 연습이 필요합니다. 가난한 사람들을 경제적으로 도와주고, 장학금도 주며, 선교 후원금도 내 보십시오. 좋은 일에 자꾸 내어주면 어느새 자신이 귀해지는 것을 느낄 수 있습니다. 그리고 설명할 수 없는 기쁨이 자신을 감싸게 될 것입니다. 당신의 가장 귀한 것을 포기하는 일은 기도의 시작이며, 기도 응답의 지름길입니다.

6. 무제한의 창고에서 무제한의 공급을 받으십시오

"구하라 그러면 너희에게 주실 것이요 찾으라 그러면 찾을 것이요 문을 두드리라 그러면 너희에게 열릴 것이니"(마 7:7).

이 말씀은 영적인 세계의 법칙이자 원리를 제시하고 있습니다. 하나님은 우리가 구하면 주시고, 찾으면 찾게 하시고, 두드리면 열어 주십니다. 이 얼마나 영감이 넘치고 소망이 가득 찬 말씀입니까?

이 말씀을 학자가 붙잡으면 위대한 학문을 낳을 것이며, 예술가가 붙들면 상상을 넘어선 불후의 명작을 만들어 낼 것입니다. 또한 과학자가 붙잡으면 미지의 진리들을 캐낼 것이며, 사업가가 붙들면 반드시 성공할 것입니다.

누군가가 '명곡은 잘 불리지 않는 것이고 명작은 잘 읽히지 않는 것' 이라고 했는데, 이 말씀 역시 너무나 잘 알려져서 홀대받는 성경 구절 중 하나입니다. 그러나 우리가 이 말씀을 그대로 믿고 날마다 되새긴다면 이루 헤아릴 수 없을 만큼 엄청난 복을 경험할 것입니다. 이 말씀은 마치 캐면 캘수록 끝없이 나오는 금광과 같고, 파면 팔수록 넘쳐흐르는 생수와도 같습니다.

그러면 이 말씀의 뜻은 무엇일까요? 그것은 영적인 세계가 무한하고 영원하다는 것을 가르쳐 주는 말씀입니다. 인간에게는 한계가 있습니다. 시편 기자는 "우리의 년수가 칠십이요 강건하면 팔십이라"(시 90: 10)고 했습니다. 인간의 두뇌, 건강, 지능, 재능 등은 모두 한계가 있습니다. 인생은 결코 영원하지 않습니다. 물질이나 자원도 영원하지 않습니다. 언젠가 지구의 자원은 고갈되고 말 것입니다. 그러나 영적인 세계는 무한하며 천국의 진리는 영원합니다. 기독교가 인류에게 영원한 소망을 주는 이유가 바로 여기에 있습니다.

그런데 대부분의 사람들은 이 말씀과는 반대로 소극적이고 부정적인 사고의 노예가 되어서 소망보다는 절망을 택하고, 미래보다는 과거 지향적이며, 하나님이 인간에게 준 무한한 가능성을 스스로 제한하면서 마치 철장에 갇힌 사슴처럼 살고 있습니다. 하나님이 없는 사람은 모든 것이 절망적일 수밖에 없습니다. 그러나 하나님을 신뢰하며 바라보는 사람에게는 신비로운 미래, 소망의 새로운 세계가 펼쳐집니다.

예수 그리스도를 믿는 사람은 죽어도 살겠고, 살아서 믿는 자는 영원히 죽지 않을 것이라고 하였습니다(요 11:25-26). 하나님은 제한이 없으시고 제한을 받지도 않으십니다. 따라서 하나님을 믿는 사람도 똑같이 영적으로 제한이 없고 제한을 받지 않습니다. 그에게는 육신을 넘어선 영원한 세계가 약속되어 있기 때문입니다.

우리가 어떠한 일을 만나든지 구하면 주시고, 찾으면 찾게 하시고, 두드리면 열어 주시는 이 영적인 법칙을 기억한다면, 우리에게 낙심은 없습니다.

7. 하나님의 뜻을 헤아려 기도하십시오

예수님은 "구하라 그러면 너희에게 주실 것이요"라고 말씀하셨습니다. 이 말씀 속에는 여러 가지 비밀이 담겨 있습니다.

마태복음 6장 33절에서 예수님은 "너희는 먼저 그의 나라와 그의 의를 구하라"고 하셨습니다. 이것은 명령입니다. 성경은 우리에게 끊임없이 '구하라'고 말씀하십니다. 야고보서 1장 5절도 "너희 중에 누구든지 지혜가 부족하거든 모든 사람에게 후히 주시고 꾸짖지 아니하시는 하나님께 구하라 그리하면 주시리라"고 하였습니다.

그런데 우리는 왜 얻지 못합니까? 구하지 않기 때문입니다. 하나님이 우리에게 주시려고 예비하신 것들을 우리가 구하지 않기 때문에 얻지 못하는 것입니다.

영적인 법칙 안에서 구할 때는 인식이나 상식 등 자연 법칙에 따라 구하는 것이 좋습니다. 그러나 하나님은 우리의 인식이나 상식을 뛰어넘으시는 분입니다. 그러므로 무슨 일이든 미리 안 될 것이라고 단정 지어 놓고 아예 구하지 않거나, 하나님께 구해 놓고 의심하는 것은 바람직한 기도의 태도가 아닙니다. 주님은 우리가 하나님에 대해 의심하는 순간, 그분이 우리에게 허락하신 엄청난 영감과 지혜와 능력과 무한한 가능성을 우리 스스로가 막아 버리는 것이라고 말씀하십니다. "오직 믿음으로 구하고 조금도 의심하지 말라 의심하는 자는 마치 바람에 밀려 요동하는 바다 물결 같으니 이런 사람은 무엇이든지 주께 얻기를 생각하지 말라"(약 1:6-7).

마태복음 21장 22절도 "너희가 기도할 때에 무엇이든지 믿고 구하는 것은 다 받으리라"고 하였습니다. 오늘도 이 약속의 말씀을 믿는 사람에게 하나님이 응답해 주십니다.

그러면 무조건 믿고 구한다고 모든 것이 다 이루어질까요? 간혹 맹목적이고 감정적인 그리스도인들은 이 부분에 대해 특별히 오해를 해서 엉뚱한 결과를 낳는 경우가 있습니다. 즉 "주님, 무조건 믿습니다. 하나님이 다 알아서 해 주실 줄 믿고 감사합니다" 하며 마냥 들이대는 것입니다. 그래서 구하는 것들이 다 이루어진다면 얼마나 좋겠습니까? 이 말씀의 깊은 뜻을 요한일서 5장 14절에서 찾아볼 수 있습니다. "그를 향하여 우리의 가진 바 담대한 것이 이것이니 그의 뜻대로 무엇을 구하면 들으심이라."

그러므로 "구하면 주시리라"는 말씀 속에는 몇 가지 조건이 붙습니다. 잘못된 것을 구하면 하나님은 듣지 않으십니다. 곧 이기적이고 정욕을 위한 기도는 들어주시지 않는다는 말입니다. 예를 들어 "나의 사업만 부흥케 하여 주시옵소서", "나만 부자로 만들어 주시옵소서" 등 자기의 정욕을 위해서 기도할 때 하나님은 들어주시지 않습니다.

이런 의미에서 하나님에게 구하기 전에 반드시 생각해야 할 것이 있습니다. 그것은 나의 간구가 하나님의 뜻과 일치하는가, 하나님이 기뻐하시는 것인가, 결과가 하나님에게 영광을 돌릴 수 있는 것인가 등의 자기 점검입니다. 만일 우리의 기도가 하나님의 뜻과 일치하는 것이라면 반드시 이루어질 것입니다.

그런데 "구하라 그러면 주실 것이요"라는 말씀에서 또 한 가지 생각해야 할 것이 있습니다. 그것은 바로 '즉각' 주신다는 말씀이 없다는 것입니다. 이 말은 즉각 주실 수도 있지만 오랜 세월이 지난 후에 주실 수도 있다는 뜻입니다. 그러나 우리는 당장 얻기를 바라고, 또 즉각 응답이 안 되면 거절이나 무응답으로 단정해 버리는 경우가 많습니다.

귀한 것일수록 시간이 오래 걸리고 기다림이 필요합니다. 옷도 그렇지 않습니까? 당장 사 입을 수 있는 기성복보다 시간이 좀 더 걸리더라도 자기 몸에 딱 맞게 맞춰입는 옷이 더 좋습니다. 또한 위대한 예술 작품은 쉽게 만들어지지 않습니다. 작가의 뼈와 살이 녹는 것 같은 시간이 오래 투자된 후에야 비로소 위대한 작품이 탄생합니다. 하나님은 우리에게 언제나 가장 좋은 것을 주고 싶어 하십니다. 그러나 때로 그것을 위해 오래 기다리게도 하십니다. 그리고 결국에는 하나님이 보시기에 가장 좋은 시간에 가장 좋은 것으로 우리에게 응답을 주십니다.

당신은 지금 주님 안에 있습니까? 주님의 말씀이 당신 안에 있습니까? 지금 생각하는 것이 하나님의 뜻입니까? 그렇다면 지금 당신이 구하는 것을 하나님은 반드시 이루어 주실 것입니다.

단 잊지 말아야 할 것이 있습니다. 간구할 때는 반드시 예수님 이름으로 구해야 한다는 것입니다. "내 이름으로 아버지께 무엇을 구하든지 다 받게 하려 함이니라(요 15:16)"는 말씀과 "너희가 무엇이든지 아버지께 구하는 것을 내 이름으로 주시리라"(요 16:23)고 하신 말씀을 기억하십시오.

하나님에게 마음껏 구하십시오! 단 하나님의 뜻대로, 말씀 안에 거하며, 예수님의 이름으로 구하십시오. 하나님이 가장 아름다운 것으로 반드시 채워 주실 것입니다.

8. 먼저 하나님을 찾아야 합니다

예수님은 "찾으라 그러면 찾을 것이요"라고 말씀하셨습니다. 신앙이란 얻는 것일 뿐 아니라, 찾고 발견하는 것입니다. 그것은 마치 값진 보석이나 진주, 또는 천국 열쇠를 찾는 것과 같습니다.

예레미야서에서 하나님은 이렇게 말씀하셨습니다. "너희는 내게 부르짖으며 와서 내게 기도하면 내가 너희를 들을 것이요 너희가 전심으로 나를 찾고 찾으면 나를 만나리라"(렘 29:12-13). 인생의 가장 근본적이고 본질적인 추구는 하나님에 대한 추구입니다. 대부분의 젊은이들은 애인을 찾고, 중년들은 돈을 추구하며, 노인들은 명예를 추구합니다. 그러나 우리가 추구해야 할 대상은 애인이나 돈이나 명예가 아니라 하나님입니다.

인생의 갈증과 불안은 하나님을 만나지 못하는 데 있습니다. 나는 누구인가, 나는 어디서 왔는가, 나는 어디로 돌아가야 하는가 하는 문제는 불완전한 인간의 본질에 대한 끊임없는 질문입니다. 이 질문은 하나님이 없으면 해결할 길이 없습니다.

역대상 28장 9절에서 다윗은 솔로몬에게 이렇게 말했습니다. “내 아들 솔로몬아 너는 네 아비의 하나님을 알고 온전한 마음과 기쁜 뜻으로 섬길지어다 여호와께서는 뭇 마음을 감찰하사 모든 사상을 아시나니 네가 저를 찾으면 만날 것이요 버리면 저가 너를 영원히 버리시리라”(대상 28:9). 이 말씀은 하나님은 찾는 자에게 발견되는 분이라는 뜻입니다.

하나님의 나라와 하나님의 의를 구하는 것이 인생 최대의 간구라고 한다면, 하나님을 찾는 것이 인생 최대의 추구입니다. 하나님을 찾고 만나야 할 사람이 만나지 못한 것을 버림받은 상태라고 합니다. 여기서 사람들은 외로움, 소외감 그리고 궁극적으로는 불안과 절망을 경험하게 되는데, 그것은 무엇으로도 메울 수 없는 깊은 공허감을 가져다줍니다.

그러면 하나님을 만났다는 것을 우리가 어떻게 압니까? 그것은 간단합니다. 자기가 만났다고 느끼면 만난 것입니다. 아무리 오래 교회 다녔어도 자기가 하나님을 만난 것 같지 않다고 느끼면 못 만난 것입니다. 하나님을 못 만났다고 느끼면 지금 이 순간부터 찾으십시오. 하나님은 만나 주실 것입니다. 음성으로든, 환상으로든, 말씀으로든 어떻게 해서든지 하나님이 계시다는 것을 알게 해 달라고 기도하며 찾으십시오.

“나를 사랑하는 자들이 나의 사랑을 입으며 나를 간절히 찾는 자가 나를 만날 것이니라”(잠 8:17).

9. 열릴 때까지 두드리는 간절함을 가지십시오

예수님은 "문을 두드리라 그러면 너희에게 열릴 것이니"(마 7:7)라고 말씀하셨습니다. 우리에게 얼마나 큰 용기를 주고 확신을 불러일으키는 말씀인지 모릅니다. 이 말씀은 한편으로 미지의 세계를 향하여 문을 두드리는 기쁨을 줍니다. 그런데 어떤 사람은 문을 두드리는 것은 좋은데, 그 집의 주인이 죽었다면 누가 문을 열어 주겠느냐고 질문합니다. 하나님은 죽었는데 누가 응답하겠냐는 것이지요. 이것이 바로 현대 신학자들이 하는 말입니다.

그러나 안심하십시오. 하나님은 죽지 않으셨습니다. 만약에 하나님이 죽으셨다면 그분은 하나님이 아닙니다. 하나님은 살아 계셔서 우리의 기도에 반드시 응답하십니다. 축복의 문, 미래의 문, 불가능의 문, 소망의 문을 열어 주십니다. 우리가 큰 빌딩 입구에서 '자동문' 이라고 쓰여 있는 것을 믿고 그 앞으로 다가서는 순간 어떻게 됩니까? 그 문은 저절로 열립니다. 우리 주님도 문은 반드시 열린다고 말씀해 주셨습니다.

요한계시록 3장 20절은 "볼지어다 내가 문밖에 서서 두드리노니 누구든지 내 음성을 듣고 문을 열면 내가 그에게로 들어가 그로 더불어 먹고 그는 나로 더불어 먹으리라"고 기록하고 있습니다. 또 요한복음 10장 7절에서 예수님은 "내가 진실로 진실로 너희에게 말하노니 나는 양의 문이라" 하셨고, 계속해서 9절에서는 "내가 문이니 누구든지 나로 말미암아 들어가면 구원을 얻고 또는 들어가며 나오며 꼴을 얻으리라"고 하셨습니다.

예수님 앞에서 문을 두드리는 자마다 풍성한 은혜의 꼴을 얻고 그분과 풍성한 관계를 갖게 될 것입니다. 우리는 문을 두드려야 합니다. 언젠가는 열릴 것을 믿고 두드려야 합니다. 꽁꽁 얼어붙은 대지는 영원히 녹지 않을 것 같지만 태양 앞에서 결국에는 녹을 수밖에 없습니다.

문이 즉각 열리지 않는다고 두드리는 것을 중지해서는 안 됩니다. 러시아나 중국의 문도, 아랍 세계의 문도 두드리십시오. 아무도 열지 못할 것처럼 여겨지더라도 두드리십시오. 하나님이 열어 주실 것입니다. 우리 주위에 죽었다 깨어나도 예수 안 믿을 것 같은 사람도 두드리십시오. 열릴 것입니다. 그 사람의 문이 안 열렸던 이유는 두드리지 않아서일 수도 있습니다. 열릴 때까지 두드려야 합니다. 이것이 예수님의 말씀입니다.

10. 기도에는 실천이 포함됩니다

"구하는 이마다 얻을 것이요 찾는 이가 찾을 것이요 두드리는 이에게 열릴 것이니라"(마 7:8).

예수님이 하신 이 말씀에는 어떤 의미가 담겨 있습니까?

첫째, 하나님은 우리에게 사랑을 베풀어 주기를 원하시며, 무한정으로 베풀어 주시려고 준비하고 계신다는 뜻입니다. 독생자를 내어주시는 엄청난 희생의 대가를 치르시고도 하나님은 우리에게 베푸시기 위해 창고 가득히 준비를 하고 계십니다. 목마른 자가 생수를 필요로 할 때, 그는 준비된 그곳에 가서 물을 떠서 마시면 됩니다. 여기서의 문제는 물이 없어서 오는 갈증이 아니라, 떠 마시지 않아서 오는 갈증입니다. 곧 우리의 갈증은 하나님이 기도 응답을 주시지 않아서 생기는 갈증이 아니라, 우리의 믿음이 없는 데서 오는 갈증인 것입니다.

둘째, 구하고 두드리는 자에게 주시겠다는 뜻은 가만히 있는 자에게 주시겠다는 것이 아니라 적극적으로 믿고 행동하는 자에게 주시겠다는 뜻입니다. 하나님이 가장 싫어하는 사람은 무관심한 자, 하나님을 신뢰하지 않는 자입니다. 우리는 조용히 하나님에 대한 신뢰와 기대감을 가지고 기다려야 합니다. 기다리는 사람의 모습은 방관이나 무관심, 게으름이 아닙니다. 기다리는 사람은 더 긴장하고, 더 애타고, 더 갈급함이 있습니다. 게으른 사람에게는 절대로 은혜가 임할 수 없습니다.

일찍 자고 일찍 일어나 새벽 기도회에 나오는 사람이 있습니다. 그 사람이 새벽 기도회에 나온 공로 때문에 구원받는 것은 아니지만, 적어도 그 사람에게는 새벽부터 일어나서 주님을 찾는 열심이 있는 것입니다. 그것은 공로나 행위가 아니라 간절함입니다. 이런 간절함이 있는 삶에 은혜가 임하는 것입니다.

셋째, 하나님이 하신 말씀은 반드시 이루어진다는 뜻입니다. 성경은 하나님의 약속으로 가득 찬 책입니다. 그 약속은 일점 일획도 틀림없이 다 이루어집니다. 작심삼일이라는 말에서도 알 수 있듯이 사람의 약속에는 변덕이 많습니다. 그래서 한 사람이 어떤 사람에게는 신실하게, 또 어떤 사람에게는 거짓말쟁이로 보일 수도 있습니다. 이렇게 본의 아니게 달라질 수밖에 없는 것이 인간의 모습입니다.

그러나 하나님은 그렇지 않습니다. 만약에 하나님의 약속에 예외가 있다면 우리의 구원은 불안해질 것입니다. 그러나 절대로 우리의 구원은 불안하지 않습니다. 이 말씀을 기억하십시오. "하나님은 인생이 아니시니 식언치 않으시고 인자가 아니시니 후회가 없으시도다 어찌 그 말씀하신 바를 행치 않으시며 하신 말씀을 실행치 않으시랴"(민 23:19).

지금 당장 구하십시오. 하나님의 나라와 의를 구하십시오. 주님의 뜻에 따라 구하고 주님 안에서 구하십시오. 그리고 말씀 안에서 구하고 예수 이름으로 구하십시오. 믿고 조금도 의심하지 말고 인내로 구하십시오. 반드시 응답될 것입니다.

찾으십시오. 그러면 찾게 될 것입니다. 하나님은 자기를 숨기거나 위장하시지 않습니다. 그리고 거절하시지도 않습니다. 당신은 하나님을 찾기 위하여 얼마나 몸부림쳐 보았습니까? 얼마나 고민해 보았습니까? 이것이 없는 사람에게 어찌 하나님이 나타나시겠습니까?

그리고 두드리십시오. 그러면 열릴 것입니다. 예수님은 스스로 "나는 양의 문"이라고 말씀하셨습니다. 문이란 열리기 위해 존재하는 것이지 닫히기 위해 존재하는 것이 아닙니다. 문은 반드시 열리게 되어 있습니다. 우리는 이 말씀을 붙들고 미래를 향하여 긍휼의 문을 두드려야 합니다. 그러면 하나님이 응답하실 것입니다.

11. 기도 응답은 가장 적절한 때에 이루어집니다

"이에 베드로는 옥에 갇혔고 교회는 그를 위하여 간절히 하나님께 빌더라 헤롯이 잡아내려고 하는 그 전날 밤에 베드로가 두 군사 틈에서 두 쇠사슬에 매여 누워 자는데 파수꾼들이 문밖에서 옥을 지키더니 홀연히 주의 사자가 곁에 서매 옥중에 광채가 조요하며 또 베드로의 옆구리를 쳐 깨워 가로되 급히 일어나라 하니 쇠사슬이 그 손에서 벗어지더라"(행 12:5-7).

옥에 갇힌 베드로를 위해 교회가 기도했을 때 그 응답이 이루어진 때는 언제였습니까? '헤롯이 잡아내려고 하는 그 전날 밤' 이었습니다. 응답의 시기 때문에 고민하지 마십시오. 우리의 때에 이루어지지 않습니다. 하나님의 때에 이루어집니다. 우리의 기도 응답은 우리가 예상치 못한 '전날 밤' 에 이루어집니다.

이스라엘이 여리고 성을 몇 바퀴 돌았습니까? 여섯 바퀴 돌 때까지 아무 기적도 없었습니다. 일곱 바퀴 돌 때 기적이 일어났습니다. 어떤 증표도 없고, 기도대로 이루어지지 않을지라도 걱정하지 말기 바랍니다. 기도 응답은 '전날 밤'에 이루어집니다.

나아만 장군이 요단 강에 여섯 번 들어갔을 때까지는 문둥병이 고쳐지지 않았습니다. 일곱 번째 들어갔을 때 문둥병이 나았습니다. 엘리야가 여섯 번 기도했을 때까지도 하늘은 변화가 없었습니다. 일곱 번째 기도를 시작했을 때 구름 조각이 나타나기 시작했습니다.

베드로는 그 전날 밤에 어떤 상황에 있었습니까? 두 군사 사이에 누워 있었습니다. 베드로가 도망 가지 못하도록 두 명의 군사가 옆에서 잠을 잤습니다. 그리고 두 쇠사슬에 매여 있었습니다. 그리고 밖에는 누가 있었습니까? 파수꾼들이 문밖에서 옥을 지키고 있었습니다. 그 모든 설명이 무엇을 말해 주고 있습니까? 베드로가 탈출하는 것은 절대로 불가능하다는 것입니다.

하나님은 우리에게 기적을 경험시키시기 위해 때로는 사면초가인 곳으로 우리를 보내십니다. 그리고는 사람의 손이나 세상의 방법이 아닌 하나님의 방법으로 문제가 해결되는 것을 경험하게 해 주십니다.

불가능한 상황 때문에 좌절하지 않기를 바랍니다. 기댈 벽이 없다고 눈물 흘리지 마십시오. 진전이 없다고 고민하지 마십시오. 당신의 계산에 맞지 않는다고 절망하거나 포기하지 마십시오. 우리가 믿고 기도하면 하나님이 하나님의 때에 일하실 것입니다.

하나님의 때가 있습니다. 하나님의 시간이 있습니다. 예수님은 이 세상에 아무 때나 오신 것이 아닙니다. '때가 차매' 여인의 몸에서 예수님이 태어나셨습니다. 하나님은 구약의 모든 예언이 성취되기까지 시간을 재고 계셨던 것입니다. 우리는 아무 때나 죽지 않습니다. 안심하기 바랍니다. 꼭 죽을 때 죽습니다. 내 인생은 하나님의 시간 안에 있습니다. 우리가 기도하며 기다리면 하나님이 '전날 밤'에 응답하실 것입니다.

12. 우리도 하나님께 약속한 것을 지켜야 합니다

큰 병에 걸리거나 절망적인 상황에 부딪히면 우리는 절박한 심정으로 대부분 이런 기도를 합니다. "하나님, 이번에 저를 고쳐 주시면 제 남은 생애를 주님을 위해 살겠나이다." 아마 그런 기도를 한 번쯤 안 해 본 사람은 없을 것입니다. 그렇지만 문제를 해결 받은 후에 그 기도를 기억하는 사람은 별로 없습니다. 건강해지면 다 잊어버립니다. 돈을 벌고 나면 다 잊어버립니다. 환경이 편해지면 다 잊어버립니다.

혹시 그런 약속을 한 적이 있다면 반드시 지켜야 합니다. 서원을 지키십시오. 그것이 축복의 비결입니다. 하나님은 그 약속을 결코 잊지 않으십니다. 하나님은 우리가 정신없이 흥분해서 한 기도도 다 기억하십니다. 어린 시절 어느 날, 감격해서 선교사로 헌신했던 것을 잊지 마십시오. 위급한 상황에서 헌금하고 가난한 자를 돕겠다고 한 것도 하나님은 기억하십니다.

하나님이 우리를 직접 부르시고 말씀하실 때도 있습니다. 그러나 그분은 우리가 은혜 받고 성령 안에 있을 때, 찬송하고 기도할 때, 우리 자신도 모르게 감당할 수 없는 말을 할 때, 우리의 입술로 고백한 기도를 통해서도 말씀하십니다.

많은 사람이 하나님이 자신을 부르시는 음성을 직접 듣고 싶어 합니다. 그러나 고요한 가운데 앉아서 온 마음을 다해 귀를 기울인다고 하나님의 음성이 들리는 것은 아닙니다. 우리가 은혜 받고 감동하여 기도하며 말하는 것이 바로 하나님의 음성입니다. 그렇게 살라고 말씀하시는 것입니다. 그러나 우리는 때로 시간이 흐른 후에, 혹은 성령의 감동이 식고 나면 자기가 한 기도를 번복하거나 아예 잊어버립니다.

복을 회복하고 싶다면 먼저 서원을 지켜야 합니다. 우리가 가장 어려울 때 하나님에게 매달렸던 것을 생각하십시오. 하나님은 그 약속을 기억하십니다. 너무 늦기 전에 약속을 회복하고 서원한 것을 지키십시오. 우리가 불리하고 어려우며 힘들어도 기도로 약속한 것을 지키면 하나님이 반드시 복을 주십니다.

"네가 하나님께 서원하였거든 갚기를 더디게 말라 하나님은 우매자를 기뻐하지 아니하시나니 서원한 것을 갚으라"(전 5:4).

6. 기도하면 인생의 장막이 넓어집니다

고통스러울수록 더 치열하게 기도하십시오
절대 고독과 두려움을 넘어 하나님을 만나십시오
"환난 날에 나를 부르라 내가 너를 건지리니"
시련 속의 기도는 성숙을 가져옵니다
인간관계도 기도로 풀립니다
사랑할 수 있는 힘을 구하십시오
다급할 때 응급 기도를 드리십시오
기도로 축복권을 행사하십시오
가장 완벽한 준비는 기도입니다
기도하는 가정은 망하지 않습니다

1. 고통스러울수록 더 치열하게 기도하십시오

예수님은 십자가의 죽음을 앞두고 기도하러 가셨습니다.

"베드로와 세베대의 두 아들을 데리고 가실새 고민하고 슬퍼하사 이에 말씀하시되 내 마음이 심히 고민하여 죽게 되었으니 너희는 여기 머물러 나와 함께 깨어 있으라 하시고"(마 26:37-38).

이 말씀에서 당시 예수님의 심정을 엿볼 수 있습니다. 예수님은 지금 어떤 심정입니까? "내 마음이 심히 고민하여 죽게 되었으니"' 라고 말씀하신 것을 볼 때, 하나님 앞에서 몹시 고민하고 슬픈 마음입니다. 그래서 이때 예수님이 드리려던 기도는 찬양의 기도, 감사의 기도, 기쁨의 기도, 능력의 기도가 아니라 죽음 앞에 깊이 고민하는 기도였습니다.

우리가 드리는 일반적인 기도는 손을 들고 찬양하며, 기뻐하고 감사하며 능력을 행하는 기도여야 합니다. 승리의 개선가를 부르며 마귀를 내어 쫓는, 영적으로 승리하는 이런 기도가 우리 모든 크리스천에게 어울리는 기도일 것입니다. 예수님도 그런 기도를 많이 하셨습니다. 특별히 오병이어의 기적을 베푸실 때도, 무덤 속에 누인 나사로를 살리실 때도 예수님은 승리의 기도, 능력의 기도를 하셨습니다. 그러나 지금 겟세마네 동산에서의 기도는 애통하는 기도입니다. 통곡하고 고뇌하는 기도입니다.

왜 예수님은 이러한 고통과 고뇌와 슬픔의 기도를 하셔야만 했을까요? 예수님이 능력이 없으셔서 그렇게 우셔야만 했습니까? 예수님이 자기 죄로 말미암아 죄책감에 시달리고 그렇게 고민하셔야 했던 것입니까? 예수님은 죽은 자를 살릴 만큼 능력이 있으셨고, 죄가 없으신 하나님 자신이셨습니다. 예수님은 전혀 고뇌할 필요가 없었고, 전혀 슬퍼할 필요가 없으셨던 분입니다.

그러나 예수님은 겟세마네에서 분명히 고민하여 죽게 될 정도로 심각한 기도를 하셨습니다. 왜 그렇게 하셨겠습니까? 사랑 때문입니다. 우리를 사랑하셨기 때문에 예수님은 슬퍼하셨고, 고민하여 죽게 되신 것입니다. 히브리서 5장 7절에 예수님의 이러한 모습을 이렇게 묘사하고 있습니다. “그는 육체에 계실 때에 자기를 죽음에서 능히 구원하실 이에게 심한 통곡과 눈물로 간구와 소원을 올렸고 그의 경외하심을 인하여 들으심을 얻었느니라.”

예수님은 지성적인 기도만 하시지 않았습니다. 그분도 눈물을 흘리셨고, 통곡도 하셨습니다. 아마 소리도 지르셨을 것입니다. 십자가 위에서 예수님은 "엘리 엘리 라마 사박다니!"라고 큰소리로 절규하셨습니다. 서른세 살의 젊은 나이에 십자가에 아무 죄도 없이 달려 죽어야 한다는 사실은 인성을 가지신 예수님에게 감당하기 어려운 고통이었을 것입니다. 그분은 단 한 번의 항변도 없이 도살장에 끌려가는 소처럼 죽어야 했고, 털 깎는 자 앞에서 얌전한 양처럼 순종해야만 했습니다.

당신도 예수님같이 그런 고통과 고뇌와 슬픔과 죽음에 이르는 기도를 해 본 적이 있습니까? 그 고통은 자신의 유익을 위한 것이 아니었습니다. 다만 사랑하기 때문에 사랑하는 사람이 치러야 할 대가였습니다. 우리는 바로 그분의 그러한 사랑을 받은 사람입니다. 그 사랑의 마음을 우리도 다른 사람을 향해 품어야 합니다. 사랑 때문에 고독과 외로움과 슬픔이 몰려오더라도 피하지 말아야 합니다. 하나님을 생각하면서 "내 실수와 허물도 아니요 내가 능력이 없어서도 아니라 오직 사랑하기 때문이라"는 눈물과 아픔을 가져야 합니다.

"그는 육체에 계실 때에 자기를 죽음에서 능히 구원하실 이에게 심한 통곡과 눈물로 간구와 소원을 올렸고 그의 경외하심을 인하여 들으심을 얻었느니라"(히 5:7).

2. 절대 고독과 두려움을 넘어 하나님을 만나십시오

사복음서에는 예수님의 공생애 기사들 가운데 '새벽 미명에', '밤이 맞도록, '한적한 곳에 나가서' 등의 표현들이 종종 나옵니다. 모두 군중과 떨어져 홀로 계시는 예수님의 모습과 연관됩니다. 또 마태복음 14장 23절은 "무리를 보내신 후에 기도하러 따로 산에 올라가시다 저물매 거기 혼자 계시더니"라고 기록하고 있습니다. 즉 예수님의 생애를 통해 볼 수 있는 고독과 관련된 특정한 표현들은 홀로 기도하시는 예수님의 모습을 보여 줍니다.

예수님이 홀로 시간을 보내신 것은 허무주의적인 고독이 아니라 성령 안에서의 고독입니다. 사람들을 다 떠나 보내고 나서 예수님은 하나님과 독대하는 시간을 가지셨습니다. 종종 하나님과 단둘이서 만나셨습니다. 이처럼 우리가 홀로 기도한다는 것은 하나님의 실존 앞에서 내 존재를 온전히 던지는 것입니다.

야곱도 이런 경험이 있습니다. "야곱은 홀로 남았더니 어떤 사람이 날이 새도록 야곱과 씨름하다가"(창 32:24). 야곱은 절대 절명의 위기에 처했습니다. 그가 자녀들과 아내를 앞서 보내고 나서 홀로 고독과 외로움에 직면했을 때의 심정은 단순히 형 에서에 대한 두려움 정도의 문제가 아니었습니다. 이것은 그 이상의 문제로서, 그는 인생의 절대 고독과 두려움 앞에 부딪힌 것입니다. 이때에 이르러서야 그는 하나님을 만나기 시작합니다.

당신은 인생의 절대적인 절망과 죽음 앞에서 아무런 대답이 없으신 하나님을 대면하고 있을지도 모릅니다. 그러나 기도하며 그분 앞에 고독하게 나가는 자를 하나님은 결코 박대하지 않으십니다.

"이에 저희가 그 근심 중에서 여호와께 부르짖으매 그 고통에서 구원하시되 저가 그 말씀을 보내어 저희를 고치사 위경에서 건지시는도다"(시 107:19-20).

3. "환난 날에 나를 부르라 내가 너를 건지리니"

예수님은 대환난이 일어날 때 우리가 해야 될 일들을 가르쳐 주셨습니다. 이 환난은 창세로부터 지금까지 없었고 앞으로도 없을 만큼 대대적인 환난입니다.

"그때에 유대에 있는 자들은 산으로 도망할지어다 지붕 위에 있는 자는 집 안에 있는 물건을 가지러 내려가지 말며 밭에 있는 자는 겉옷을 가지러 뒤로 돌이키지 말지어다 그날에는 아이 밴 자들과 젖 먹이는 자들에게 화가 있으리로다 너희의 도망하는 일이 겨울이나 안식일에 되지 않도록 기도하라 이는 그때에 큰 환난이 있겠음이라 창세로부터 지금까지 이런 환난이 없었고 후에도 없으리라"(마 24:16-21).

대환난이 시작되면 다른 길이 없습니다. 누구도 예외 없이 이 환난에 빠져들 수밖에 없습니다. 그러나 예수님이 우리에게 주신 말씀은 이것입니다. 환난을 피할 길은 없으나 안식일에 일어나지 않도록 기도하고 겨울에 일어나지 않도록 기도하라는 것입니다.

말세에는 예수님이 말씀하신 대로 여러 가지 많은 징조들과 징표들이 일어날 것입니다. 우리는 어떤 일이 일어나도 두려워하지 말아야 합니다. 모르면 불안하지만 알면 불안하지 않습니다. 이 시대는 시간이 지나면 지날수록 악해지지 선해지지는 않을 것입니다. 정말 주님밖에는 소망이 없습니다. 믿음을 가진 자만이, 하나님을 신뢰하는 자만이 환난과 고통, 무질서, 이 세상의 모든 종말적 현상 가운데서 든든히 설 수 있습니다. 믿음이 없으면 우리가 아무리 많은 돈과 지식을 가지고 있더라도 감당하지 못할 것입니다. 믿음을 가진 자만이 구원을 얻습니다. 예수님은 우리에게 이것을 말씀하고 계신 것입니다.

따라서 우리 성도들은 지금 기도해야 합니다. 위기와 환난 가운데 넘어지지 않도록 믿음으로 기도하고 준비하는 것은 우리 성도가 마땅히 해야 할 일입니다. 깨어 기도하지 않으면 어떻게 감당할 수 있겠습니까? 우리의 연약한 영혼이 심판날에 견고히 견딜 수 있도록 기도로 준비하십시오.

4. 시련 속의 기도는 성숙을 가져옵니다

야곱의 아내 레아는 불행하게도 남편의 사랑을 받지 못했습니다. 레아는 불행하고 한 맺힌 삶을 산 여인의 표상입니다. 그녀는 아버지 라반이 꾸민 사기 결혼에 동조해서 불행한 결혼을 하고 맙니다.

어쩌면 그녀는 자신이 적극적으로 노력하면 남편의 사랑을 받을 수 있을 것이라고 생각했는지 모릅니다. 그러나 그녀가 아무리 노력해도 야곱의 마음을 돌이킬 수 없었고, 시간이 갈수록 절망과 좌절감만 커지고 상처와 한이 쌓여 갔습니다. 이런 레아를 하나님은 잊지 않고 돌아보셨습니다. "여호와께서 레아에게 총이 없음을 보시고 그의 태를 여셨으나 라헬은 무자하였더라"(창 29:31).

우리는 여기서 레아를 통해 귀한 진리를 배우게 됩니다. 절망의 순간이 바로 하나님의 희망의 시작이라는 사실입니다. 남편에게 받은 상처로 인해 절망하고 좌절하던 레아는 하소연과 탄식을 내뱉으며 하나님을 찾기 시작했습니다. 이러한 레아의 모습은 시편 27편 10절 말씀을 생각나게 합니다. "내 부모는 나를 버렸으나 여호와는 나를 영접하시리이다."

아마도 레아는 이렇게 생각했을 것입니다. '부모가 자신이 낳은 자식을 버리는 일은 있어도 하나님이 나를 버리시는 일은 없을 거야. 남편은 나를 버렸지만 하나님은 나를 결코 버리시지 않을 거야.'

하나님은 레아의 태를 열어 주심으로써 기도에 응답하셨습니다. "레아가 잉태하여 아들을 낳고 그 이름을 르우벤이라 하여 가로되 여호와께서 나의 괴로움을 권고하셨으니 이제는 내 남편이 나를 사랑하리로다 하였더라"(창 29:32). 반면 라헬의 태는 오랫동안 열어 주시지 않았습니다. 라헬은 남편을 의지했고, 레아는 하나님을 의지했기 때문입니다.

하나님은 눈물을 흘리며 간절히 기도하는 사람의 기도에 응답하시는 분입니다. 눈물을 흘리며 기도하십시오. 금식하며 하나님을 향해 고통의 소리를 질러 보십시오. 하나님은 당신의 기도를 들어주십니다.

아들을 얻고 난 레아는 남편이 자기를 사랑해 주리라는 기대와 자신감이 생깁니다. 그러나 여전히 남편은 자신에게 돌아오지 않았습니다. 레아는 또 다시 실망과 좌절을 겪습니다. 그 후 그녀는 둘째 아들을 낳았습니다. "그가 다시 잉태하여 아들을 낳고 가로되 여호와께서 나의 총이 없음을 들으셨으므로 내게 이도 주셨도다 하고 그 이름을 시므온이라 하였으며"(창 29:33).

시므온의 뜻은 '하나님이 들으셨다' 입니다. 야곱이 레아를 멀리하며 사랑하지 않는다는 사실을 하나님이 아셨다는 뜻입니다. 레아는 시므온을 나은 후에도 남편이 자신에게 돌아올 것이라는 기대를 해 봅니다. 하지만 이번에도 야곱의 마음은 돌아오지 않았습니다.

그녀는 셋째 아들을 낳습니다. "그가 또 잉태하여 아들을 낳고 가로되 내가 그에게 세 아들을 낳았으니 내 남편이 지금부터 나와 연합하리로다 하고 그 이름을 레위라 하였으며"(창 29:34).

레위라는 이름은 '남편과 연합할 것이다' 는 뜻을 가지고 있습니다. 아이 셋을 낳을 때까지 레아의 한이 얼마나 깊었는지 알 수 있습니다. 그녀에게는 남편의 사랑을 얻는 것이 인생 목표였습니다. 매우 안쓰럽고 가슴 아픈 일입니다. 남편의 사랑을 얼마나 못 받았으면 이렇게까지 했겠습니까. 그러나 레위를 나은 후에도 그녀의 꿈은 산산조각 나고 맙니다.

그리고 넷째 아들이 태어납니다. "그가 또 잉태하여 아들을 낳고 가로되 내가 이제는 여호와를 찬송하리로다 하고 이로 인하여 그가 그 이름을 유다라 하였고 그의 생산이 멈추었더라"(창 29:35).

그런데 이 넷째 아이가 태어날 때부터 레아의 마음에 변화가 일어납니다. 남자 아이 셋을 연년생으로 최대한 빨리 낳는다 해도 족히 3년은 걸립니다. 만약 조금 터울을 두고 낳는다면 5년에서 6년 정도 걸릴 것입니다. 레아는 넷째 아들이 태어날 때까지 그 오랜 세월을 기다렸지만 남편의 마음은 돌아올 기미조차 보이지 않습니다. 그녀는 지칠 대로 지치고 상처받을 대로 상처받고, 절망할 대로 절망했습니다. 이런 과정을 통해 레아는 '남편을 의지하는 것이 별 볼일 없다' 는 사실을 깨달았습니다. 레아는 남편만 의지하고 사는 결과는 배신과 허무밖에 없다는 것을 깨닫습니다.

넷째 아들을 낳을 무렵, 결국 레아는 남편에 대한 실망과 절망과 포기의 단계에 들어갑니다. 그리고 그 마음이 하나님에게 향하기 시작합니다. '의지할 분은 하나님밖에 없다' 고 생각합니다. 그래서 아이의 이름을 짓는 방식도 달라집니다. 즉 셋째 아들까지는 '남편과 연합하리라' 는 식의 의미가 담긴 이름을 지어 주었지만, 넷째 아들 유다를 낳은 후에는 '여호와를 찬송하리라' 는 의미가 담긴 이름을 지어 줍니다. 남편의 사랑에 얽매여 있는 자신이 얼마나 불쌍하고 허무한 존재인지 깨달은 그녀의 마음이 하나님을 찬양하는 마음으로 바뀐 것입니다.

우리는 레아를 통해 영적 성숙의 단계를 발견하게 됩니다. 부질없는 세상적이고 인간적인 것을 포기하고 영원한 것을 붙잡는 한 여인의 모습을 발견하게 됩니다. 이 여인이 영적으로 변했을 때 낳은 아들이 바로 유다입니다. 유다는 열두 지파 중에서 가장 복 받은 유다 지파의 조상입니다. 이 지파에서 메시아가 태어났기 때문입니다.

세상 헛된 것을 버리고 하나님만을 의지하는 기도만이 온전한 기도입니다. 이사야의 말을 기억하며 하나님만 의지하는 기도의 삶을 사십시오.

"너희는 인생을 의지하지 말라 그의 호흡은 코에 있나니 수에 칠 가치가 어디 있느뇨"(사 2:22).

5. 인간관계도 기도로 풀립니다

화해와 용서의 첫 번째 단계는 기도입니다. 생각은 사람을 움직이지만, 기도는 하나님을 움직입니다. 특별히 대인 관계에서는 얄팍한 수단을 쓰거나 인간적인 방법을 사용하기 시작하면 관계가 어긋나고 깨지고 어려워집니다. 인간적인 방법으로는 어그러진 관계가 온전히 회복되지 않습니다.

어그러진 관계는 하나님만이 풀어 주실 수 있습니다. 일생일대의 어려움이든 관계의 어려움이든, 문제를 놓고 먼저 기도하십시오. 얄팍한 꾀나 섣부른 방법으로는 근본적인 해결을 할 수 없습니다.

기도보다 앞서는 것이 있어서는 안 됩니다. 인간의 생각과 의지가 기도보다 앞서면 일이 깨어집니다. 기도는 충분히, 그리고 깊이 할수록 좋습니다. 기도하면 하나님이 감동하시고 움직이십니다.

누군가에게 충고하고 싶은 마음이 든다면 기다리십시오. 충고할 시간에 그를 위해 기도해 주십시오. 충고해야 사람이 변하는 것이 아니라 기도해야 사람이 변합니다.

기도 없이 충고하면 화를 냅니다. "네가 뭔데?"라고 대듭니다. 남편이 아내에게 충고하면 "당신은 그렇게 하느냐? 당신이나 잘해"라고 대꾸합니다. 그러면 할 말이 없습니다. 아내 혹은 남편을 고쳐야겠다고 생각하지 마십시오. 정말 고치고 싶다면 그를 만드신 하나님에게 기도하십시오. 그러면 그가 변할 것입니다.

관계의 회복은 내 힘으로 되지 않습니다. 나의 주변에서 일어나는 복잡한 인간관계 역시 기도로써만 해결될 수 있음을 믿으십시오.

"서로 인자하게 하며 불쌍히 여기며 서로 용서하기를 하나님이 그리스도 안에서 너희를 용서하심과 같이 하라"(엡 4:32).

6. 사랑할 수 있는 힘을 구하십시오

성령의 아홉 가지 열매 가운데 첫째는 사랑입니다. 사랑은 율법의 완성입니다. 우리가 다 아는 것처럼 예수님의 가장 큰 메시지는 "네 이웃을 네 몸처럼 사랑하라"입니다.

그런데 우리는 왜 이웃을 사랑하기가 그토록 어려운 걸까요? 내 힘으로 사랑하기 때문입니다. 우리는 이렇게 기도해야 합니다. "주님, 저 혼자는 그런 사랑을 할 수 없습니다. 제게 하나님의 사랑을 부어 주옵소서. 성령 세례를 주옵소서. 사랑의 세례를 받게 하여 주옵소서. 제 사랑의 질이 변하게 하옵소서. 생각과 가치가 바뀌게 하옵소서."

하나님이 사랑을 부어 주셔야 계산하지 않는 사랑, 배신당해도 원망하지 않고 섭섭해하지 않는 사랑을 할 수 있습니다.

내 사랑은 금방 바닥이 나고 맙니다. 우리 힘으로는 사랑할 수 없습니다. 성령님이 사랑을 부어 주셔야 합니다. 그래야 조건 없는 사랑이 가능합니다. 성령님이 우리에게 기름을 부으셔서 이런 사랑을 할 수 있게 해 주시기를 기도하십시오.

우리는 또 사랑하기 위해서는 누군가를 원망해서는 안 됩니다. 요셉의 경우를 보십시오. 요셉에게는 도무지 이해할 수 없는 환경의 변화가 많았습니다. 그러나 요셉은 하나님을 한 번도 원망하지 않았습니다. 자신을 노예 상인에게 팔아넘긴 형들을 미워하지 않았습니다. 자기를 억울하게 감옥에 집어넣은 사람을 원망하지도 않았습니다. 이것이 사랑의 밑거름이요, 복의 씨앗입니다.

우리에게도 환경의 변화가 일어날 때가 많습니다. 좋을 때도 있지만 억울하고 분할 때도 있습니다. 특히 원망의 마음이 들 때마다 요셉의 태도를 배우기를 바랍니다. 이렇게 기도합시다. "하나님, 하나님을 원망하고 싶은 상황에서도 하나님을 원망하지 않게 해 주소서. 사람이 미울 때도 원망하거나 불평하지 않는 믿음을 주옵소서!"

"무엇보다도 열심으로 서로 사랑할지니 사랑은 허다한 죄를 덮느니라"(벧전 4:8).

7. 다급할 때 응급 기도를 드리십시오

기도에는 여러 가지 종류가 있는데, 그 중에 하나가 응급 기도입니다. 교통 사고를 당한 사람이 찬양하고 감사할 수 있겠습니까? 그때는 "아이고, 하나님! 나 죽겠어요"라고밖에 할 수 없습니다. 지금 큰 사고가 나거나 문제가 생겨 위기에 처했다면 어떻게 기도해야 할까요? "하나님, 저 죽습니다. 제가 지금 사면초가에 빠졌습니다. 사막의 음침한 골짜기에 지금 들어갔습니다. 캄캄합니다. 아무것도 안 보입니다. 어떻게 하면 좋습니까?" 저절로 나오는 절규와 탄식으로 기도하십시오.

이런 급박한 순간에 드리는 기도가 응급 기도입니다. 응급 기도는 하나님이 급하게 들어주십니다. 왜 그렇습니까? 급하기 때문입니다.

다른 사람이 당한 위급한 상황을 두고 기도할 때도 하나님은 빠른 응답을 주십니다. 옥에 갇힌 베드로를 위한 교회의 기도가 바로 그런 기도였습니다. "이에 베드로는 옥에 갇혔고 교회는 그를 위하여 간절히 하나님께 빌더라”(행 12:5).

그런데 때로는 상황이 위급하고 절박한 가운데 응급 기도를 드렸는데, 응답을 받지 못하는 경우가 있습니다. 이때는 하나님이 응답을 안 해 주신 것이 아닙니다. 단지 나의 시간과 하나님의 시간이 다를 뿐입니다. 아무리 위급한 상황이라 하더라도 하나님의 때를 기다려야 합니다.

“나의 간구가 주의 앞에 달하게 하시고 주의 말씀대로 나를 건지소서”(시 119:170).

8. 기도로 축복권을 행사하십시오

오랜 세월 동안 죽은 줄로만 알았던 아들 요셉과 다시 만난 야곱은 요셉에게 인도되어 애굽의 왕을 만나게 되었습니다. 이때 야곱이 바로를 축복하는 모습은 매우 감동적입니다.

"요셉이 자기 아비 야곱을 인도하여 바로 앞에서 서게 하니 야곱이 바로에게 축복하매 바로가 야곱에게 묻되 네 연세가 얼마뇨 야곱이 바로에게 고하되 내 나그네 길의 세월이 일백삼십 년이니이다 나의 연세가 얼마 못 되니 우리 조상의 나그네 길의 세월에 미치지 못하나 험악한 세월을 보내었나이다 하고 야곱이 바로에게 축복하고 그 앞에서 나오니라"(창 47:7-10).

야곱은 바로를 만나자마자 축복했습니다. 초라한 노인과 막강한 권력을 가진 왕이 만나는 자리였습니다. 그런데 별 볼일 없는 노인이 최고 권력자를 축복하는 역설적인 상황이 벌어집니다.

우리 역시 세상에서 별 볼일 없고 아무것도 아닌 사람이지만 세상을 축복할 축복권이 있는 사람들입니다. 예수님의 이름으로 축복 기도 하고 격려할 수 있습니다. 아브라함이 복의 근원이듯 우리도 예수 그리스도로 말미암아 복의 근원이 되었습니다. 당신이 어떤 조직에 들어가면 그 조직이 살고, 직장에 들어가면 그 직장이 살아나는 복의 근원이 되어야 합니다. 가는 데마다 복을 나누어 주고, 위로해 주며, 죽은 것을 살리고, 화해시키는 사람이 되십시오.

예전에 집 뒤에 삼십 분 안팎이면 오를 수 있는 산이 있어서 종종 오르곤 했습니다. 그 산을 한참 오르면 팔각정이 있는데 사람들이 별로 찾지 않는 곳이었습니다. 에스겔 37장을 가지고 "생기야, 있을지어다!"라는 제목으로 설교하던 무렵, 그곳에서 저는 동서남북을 향해 명령했습니다. "서울 시민들아, 생기를 받을지어다!" 동서남북을 향해 모두 네 번 외쳤습니다. 그렇게 축복하고 나면 기분이 매우 좋아졌습니다. 서울이 다 제 것 같았습니다.

직장 사무실에 들어서면서 그냥 들어가지 말고 "이곳에 복이 있을지어다" 하고 축복하면서 들어가십시오. 심방을 가거나 어떤 집에 들어갈 때도 "이 집에 복이 있을지어다" 하고 축복하십시오. "우리 민족에게 복이 있을지어다" 선포하십시오. 그리스도인은 축복을 선언하고 나누어 주는 사람입니다.

우리는 다른 민족에게도 가서 그 민족을 축복하며 기도해야 합니다. 인도, 방글라데시, 중국 등 세계 곳곳에 가 보면 저주가 사무친 땅들이 많습니다. 우리 나라도 얼마나 한이 많이 맺힌 땅이요, 저주가 가득한 땅입니까? 우리가 이 땅을 축복하며 기도해야 합니다. 그러면 이 땅이 복이 있는 땅으로 변할 줄로 믿습니다. 하나님의 자녀로서 부여받은 축복권을 재워 두지 말고 가는 곳 어디서나, 만나는 사람 누구에게나 사용하기 바랍니다.

9. 가장 완벽한 준비는 기도입니다

자녀들의 결혼 과정에서 가장 중요하게 여기며 준비하는 것은 무엇입니까? 아마 대부분의 부모들은 혼수 준비를 가장 중요하게 생각할 것입니다. 그러나 부모가 할 수 있는 최대의 준비는 자동차나 아파트 등 호화 혼수를 장만해 주는 일이 아닙니다. 이것은 가장 마지막으로 미뤄도 될 중요하지 않은 일입니다. 우리는 결혼 과정에서 대부분 제일 중요하지 않은 일에 가장 많은 정성을 쏟습니다. 그 일을 해결해야 모든 준비를 다 했다고 말합니다.

많은 사람들이 보이지 않는 준비가 더 중요하다는 사실을 잊어버리거나 모릅니다. 제일 중요한 준비는 바로 기도입니다. 자녀에게 필요한 돈이나 혼수를 준비하기보다 먼저 자녀의 영혼을 하나님에게 의탁하는 기도를 드려야 합니다.

아브라함의 종은 "내 주인의 자녀의 혼사 문제는 하나님이 계획하시고 진행하실 줄 믿습니다. 이삭의 결혼 문제가 순적히 이루어지게 해 주옵소서"라고 기도했습니다. 그는 이삭의 배우자가 결정되기 이전부터 하나님에게 전적으로 맡기는 마음으로 기도했습니다.

"그가 가로되 우리 주인 아브라함의 하나님 여호와여 원컨대 오늘날 나로 순적히 만나게 하사 나의 주인 아브라함에게 은혜를 베푸시옵소서"(창 24:12).

결혼하고 싶습니까? 혹은 자녀를 결혼시키기 원합니까? 일은 한 번 꼬이기 시작하면 계속 어렵습니다. 그러나 잘되려면 아주 쉽습니다. 결혼하기 위해 백 사람을 만나도 한 사람도 건지지 못할 수 있습니다. 그러므로 이렇게 기도하십시오. "하나님, 쉽게 만나게 해 주십시오." 하나님의 뜻대로, 하나님의 방법대로 되도록 해 달라고 기도하십시오.

기도는 기적을 몰고 옵니다. 기도는 하나님의 뜻과 계획을 성취합니다. 배우자를 아직 만나지 못했습니까? 그 무엇보다도 먼저 결혼을 위해 기도하십시오. 기도하는 것이 가장 확실하고 완벽한 준비입니다.

10. 기도하는 가정은 망하지 않습니다

우리 주변에는 이혼 가정이 점점 늘고 있습니다. 그들의 이야기를 들어보면 이혼할 수밖에 없는 심각한 문제들이 참으로 많습니다. 그러나 기억해야 할 것은 이 세상에 문제가 전혀 없는 가정은 없다는 것입니다. 아무리 행복한 가정이라도 아기를 낳지 못하거나, 아이는 있는데 경제적 능력이 없거나, 부부가 몸이 약해서 늘 고통받는 등 가정마다 한두 가지씩 문제들이 꼭 있습니다.

이삭의 가정도 예외는 아니었습니다. 이삭 부부는 아이가 없었습니다. 그러나 이삭은 문제에 부딪혔을 때 먼저 기도하였습니다. 우리는 이삭의 이런 모습을 보면서 매우 중요한 결론을 하나 얻습니다. 즉 행복한 가정, 복된 가정의 비밀은 문제가 없다는 데 있는 것이 아니라, 가정의 소중함을 생각하고 기도하며 문제를 극복하고 뛰어넘는 데 있다는 사실입니다.

대부분의 경우, 아이를 갖지 못하면 부부가 서로를 탓하거나 하나님을 원망하기 쉽습니다. 그러나 이삭은 그렇게 하지 않았습니다. 창세기 25장 26절을 보면 "후에 나온 아우는 손으로 에서의 발꿈치를 잡았으므로 그 이름을 야곱이라 하였으며 리브가가 그들을 낳을 때에 이삭이 육십 세이었더라"는 말씀이 나옵니다. 리브가가 야곱과 에서를 낳았을 때 이삭이 육십 세였다는 것을 보니 그들이 이십 년 동안 아이 없이 살았다는 것을 알 수 있습니다.

가정에 아기가 없는 문제와 같이 절박한 문제들과 부족한 것들이 생길 때 불평하거나 원망하지 마십시오. 그곳에 하나님의 비밀과 섭리가 있다는 사실을 우리는 배워야 합니다. 이십 년 동안 아이가 없었지만 원망하지 않고 오히려 기도하며 기다려 왔던 이삭과 리브가를 보면서, 가정의 어떤 문제든지 끝까지 기다리며 포기하지 말고 하나님을 신뢰하며 기도해야 함을 알게 됩니다.

오늘날 가정의 위기는 돈이 없는 것, 건강을 잃은 것, 자녀가 없는 것이 아니라 기도가 없는 것입니다. 기도하는 부부와 자녀가 있는 가정은 아무리 홍수가 나고 태풍이 불어도 흩어지거나 망하지 않습니다. 가장 큰 위기의 순간은 기도를 잃어버리고 기도를 포기할 때입니다.

가정이 위기에 부딪혔을 때 죽을 힘을 다해서 기도하여 우리의 가정을 지킵시다. 가정을 지키는 비결은 기도뿐입니다.

7. 기도는 영적 전쟁입니다

문제 해결보다 기도가 더 급합니다
기도하면 하나님이 대신 싸우십니다
성령 충만한 기도가 마귀를 이깁니다
단호한 명령 기도로 귀신을 쫓아내십시오
기도는 하나님과 사탄의 것을 분별하게 합니다
마귀는 기도하지 않는 영혼을 좋아합니다
기도의 사인을 주실 때 깨어 기도하십시오

1. 문제 해결보다 기도가 급합니다

"때에 아말렉이 이르러 이스라엘과 르비딤에서 싸우니라 모세가 여호수아에게 이르되 우리를 위하여 사람들을 택하여 나가서 아말렉과 싸우라 내일 내가 하나님의 지팡이를 손에 잡고 산꼭대기에 서리라 여호수아가 모세의 말대로 행하여 아말렉과 싸우고 모세와 아론과 훌은 산꼭대기에 올라가서 모세가 손을 들면 이스라엘이 이기고 손을 내리면 아말렉이 이기더니"(출 17:8-11).

홍해를 건너 애굽의 노예 생활에서 탈출한 이스라엘 민족은 광야의 배고픔 속에서 만나의 은혜를 경험하고, 마실 물이 없는 르비딤에서 반석에서 물이 나오는 기적도 체험했습니다. 그러나 이런 기적을 체험했지만 그들에게는 여전히 문제가 남아 있었습니다. 가나안에 도착해 토착 세력인 아말렉 족속의 공격을 받은 것입니다.

우리의 삶도 이스라엘 민족의 삶과 유사합니다. 우리가 걱정하는 삶의 고민거리 대부분이 먹을 것, 마실 것, 입을 것에 관한 것들입니다. 그런데 이러한 것들만 고민하다 어느 날 갑자기 뜻하지 않은 위험이 다가옵니다. 전혀 생각지도 않았던 위험입니다. 그것은 바로 '죽음' 입니다.

우리 삶에는 '무엇을 먹을까, 무엇을 마실까, 무엇을 입을까' 하는 것이 문제의 전부가 아닙니다. 잘 먹고 잘 마시고 잘 자더라도 우리는 결국 '사느냐 죽느냐' 하는 문제에 직면하게 됩니다.

우리는 진지하게 생각해야 합니다. 인생에서 정말 중요한 것이 무엇인지를 말입니다.

다시 르비딤의 골짜기로 가 보겠습니다. 이제 이스라엘 백성들은 심각한 전쟁 상태에 돌입하게 되었습니다. 변변한 무기 하나 없고, 힘든 광야를 걸어 몸은 지쳐 있습니다. 말과 병기를 가진 유목민 아말렉과의 전쟁은 생각만 해도 끔찍한 것이었습니다.

이런 풍전등화의 위기 앞에서 이스라엘은 무엇을 해야 할까요? 우리 상식으로는 도망을 치거나 항복을 하거나 둘 중 하나입니다. 그러나 이스라엘의 지도자 모세는 하나님께 기도했습니다. 모세는 기도로서 전쟁의 위기를 극복하려 했고, 실제로 그렇게 극복해 나갑니다.

여기서 잠깐 생각해 봐야 할 점이 있습니다. 모세의 순종과 그 결과입니다. 모세는 이스라엘 백성을 애굽에서 탈출시키라는 하나님의 음성을 듣고 그대로 행했습니다. 순종하면 그 이후의 결과는 모두 좋아야 되는 것이 우리가 가진 생각입니다. 그런데 하나님은 모세가 애굽에서 이끌고 나온 이스라엘 백성을 젖과 꿀이 흐르는 가나안 땅이 아닌 광야에 집어넣으셨습니다. 거기에 한 술 더 떠서 처음에는 음식과 먹을 물이 없었습니다. 그 문제가 해결되자마자 곧바로 다른 문제들이 나타났습니다. 결국 모세의 순종의 결과는 또 다른 시련이었던 것입니다.

상황이 이쯤 되면 가장 당황할 사람은 매사에 원망과 불평이 가득한 이스라엘 백성들이 아니라 모세입니다. 하지만 모세는 그렇게 하지 않았습니다. 하나님의 사람인 모세는 눈앞에 닥친 위기보다 더 중요한 것을 깨달았습니다. 그리고는 바로 무릎으로 하나님께 나아갔습니다.

가만히 당신의 삶을 살펴보십시오. 당신의 순종의 결과가 오히려 더 나쁜 문제를 초래하지는 않았습니까? 그때 당신의 반응은 어땠습니까? 진정한 하나님의 사람이라면 문제만을 바라보는 것이 아니라 하나님의 약속을 바라보아야 합니다. 문제 너머에 계시는 하나님을 바라보아야 하는 것입니다. 거기서 말씀하시는 하나님과 만나야 합니다. 그것이 문제보다 더 중요한 일이며, 하나님이 우리의 삶에 문제를 주신 근본 이유입니다.

르비딤 골짜기에서 아말렉과 정면으로 대치한 그 상황에서 모세는 하나님을 만나러 어디로 갔을까요? 산꼭대기입니다. 모세는 아론과 훌을 데리고 전쟁이란 냉엄한 현실, 자기 동족들이 피 흘리며 죽어 가는 것을 보면서도 발걸음을 전쟁터가 아닌 산꼭대기로 옮겼습니다.

전쟁의 본질은 현실에 있는 것이 아니라 산꼭대기에 있습니다. 하나님을 만나는 것보다 더 급한 것은 없습니다. 하나님의 음성을 듣고 약속을 받는 것보다 더 중요한 것은 없습니다. 전쟁에 이기고 지는 것은 하나님이 결정하십니다. 사람이 전쟁을 하지만 전쟁의 주관자는 하나님입니다. 사람들이 역사를 움직이는 것 같지만 그 주관자는 하나님입니다. 먼저 하나님을 만나야 합니다.

산꼭대기는 은밀한 곳입니다. 요란한 북소리도, 지축을 흔드는 말발굽 소리도, 귀를 찢으며 날아드는 화살 소리도, 하늘을 뒤덮는 함성도 들리지 않습니다. 오직 하나님만 바라볼 수 있는 고요한 곳입니다.

당신은 당신만의 산꼭대기가 있습니까? 언제 어떤 어려움 속에서도 달려 올라가 하나님을 만나는 당신만의 산꼭대기가 있습니까? 우리는 하나님이 늘 우리를 만나 주시는 산꼭대기가 필요합니다.

당신도 이제 모세처럼 산꼭대기로 올라가기를 바랍니다. 현실이 어렵고 고통스럽고 죽을 것만 같아서 도피하는 것이 아니라, 그 문제를 들고 하나님에게로 나아가는 모세같이 당신도 그렇게 산으로 올라가기를 바랍니다. 분명히 하나님은 당신을 만나 주실 것입니다. 바로 그 산꼭대기에서.

2. 기도하면 하나님이 대신 싸우십니다

기도는 기적을 준비합니다. 기도는 기적을 잉태합니다. 기도는 기적을 낳습니다. 기적만을 바라는 사람에게는 기적이 일어나지 않습니다. 그러나 그리스도만을 바라보는 사람에게는 기적이 생깁니다. 기도하는 사람에게는 기적이 일어납니다.

기적만을 요구하는 사람들은 병 낫기를 원하고, 사업이 잘되기를 원하고, 자식이 출세하길 원하는 등 인간적이고 본능적인 욕구를 많이 가지고 있습니다. 그것은 기복 신앙과 아무것도 다를 바가 없습니다. 무당의 신앙과 다를 바 없는 것입니다. 우리는 돌멩이에도 빌고 물 떠다 놓고 빌 수도 있습니다. 자연신에게 빌 수도 있습니다. 그러나 그것들은 하나님이 아닙니다.

기적은 어떤 사람에게 일어납니까? 기도하는 사람에게 일어납니다. 하나님은 길거리를 지나가는 아무나 붙잡고 축복하시지 않습니다. 축복을 주실 때도 그냥 던져 주시지 않습니다. 하나님은 먼저 준비시키신 후에 복을 주십니다. 마음을 가난하게 만드신 후에 복을 주십니다.

혹시 최근에 '돈 버는 일, 인간관계 등 세상살이가 다 힘들다. 상처를 너무 많이 받는다. 산에 가서 금식 기도라도 하고 싶다'는 생각이 들었다면, 하나님이 만나 주시기 위해, 응답을 주시고 기적을 베푸시기 위해 준비시키시는 것임을 인식해야 합니다. 그렇게 기도하고 싶을 때 그 기회를 놓치지 말고 기도해야 합니다. 그렇게 기도하고 싶을 때 산에 들어가서 조용히 자신을 발견해야 합니다.

하나님은 기적을 주시기 위해 우리에게 기도를 시키십니다. 하나님은 축복을 주시기 위해 우리 마음을 먼저 가난하게 만드십니다. 기도하면 하나님이 움직이십니다.

사도행전 3장 1-10절을 보면, 오순절에 삼천 명이 회개하는 엄청난 성령의 역사가 일어났을 때도 베드로와 요한은 시간을 정해 놓고 기도한 것을 알 수 있습니다. 그들은 매일 오후에 성전에 올라가서 기도했습니다. 하나님은 기도하는 사람을 그냥 두시지 않습니다. 열심히 기도하는 베드로와 요한을 위해 한 사건, 즉 나면서 앉은뱅이 된 자를 일으키게 되는 사건을 예비하셨습니다. 하나님은 기도하는 사람에게 사람을 만나게 해 주십니다. 기도하는 사람을 위해 영적인 사건을 예비하십니다. 그리고 기적을 베풀어 주십니다.

"베드로가 일어나 저희와 함께 가서 이르매 저희가 데리고 다락에 올라가니 모든 과부가 베드로의 곁에 서서 울며 도르가가 저희와 함께 있을 때에 지은 속옷과 겉옷을 다 내어 보이거늘 베드로가 사람을 다 내어보내고 무릎을 꿇고 기도하고 돌이켜 시체를 향하여 가로되 다비다야 일어나라 하니 그가 눈을 떠 베드로를 보고 일어나 앉는지라"(행 9:39-40).

이것은 베드로가 죽은 다비다를 살리는 장면입니다. 베드로는 어떻게 시체를 눈앞에 두고 이런 기도를 할 수 있었을까요? 그는 분명 시체를 보고 있었지만 그 영의 눈은 시체를 보지 않고 살아 계신 하나님의 능력을 주시하고 있었습니다. 그는 죽은 다비다의 시신을 보고 있었지만 결코 죽은 다비다를 보고 있었던 것이 아닙니다. 하나님 품안에 살아 천국에서 뛰노는 다비다를 보고 있었던 것입니다.

기도를 마치고 난 후에 베드로는 시체를 향해 말했습니다. "다비다야, 일어나라!" 그러자 다비다가 눈을 떴고 베드로 앞에 일어나 앉았습니다.

지금도 기적은 일어납니다. 우리가 베드로처럼 믿음으로 기도한다면, 우리가 다비다처럼 선행과 구제에 힘쓴다면, 하나님은 우리를 통해 기적을 일으키실 것입니다.

오늘날 우리 사회와 국가를 생각할 때, 그 어느 때보다 기적이 필요한 시대입니다. 이 시대를 바라보며 죽은 다비다와 같다는 절망감을 느낍니다. 누가 교육 문제를 해결할 수 있고, 누가 이 사회의 타락과 경제 위기를 해결할 수 있겠습니까? 과연 누가 통일 문제를 군사적으로, 정치적으로, 경제적으로 잘 해결할 수 있겠습니까? 시체를 향하여 "다비다야, 일어나라" 하고 말했던 것처럼 오늘 우리는 이 세상을 향하여 이렇게 말할 수는 없을까요? 이 불가능에 도전할 수는 없을까요?

제가 아는 선교사 한 분이 불가리아에 가서 그런 기적을 실제로 목격했습니다. 열 명도 안 되는 작은 초막 같은 교회에서 집회를 하고 있을 때, 한 앉은뱅이가 와서 기도해 달라고 말했습니다. 선교사님은 그런 기도를 한번도 해 보지 않아서 두려웠지만 너무나 절박한 상황이었기 때문에 "나사렛 예수 그리스도의 이름으로 일어나라"고 선포했습니다. 그러자 그 사람이 그 자리에서 몸을 뒤틀면서 일어나 걸었다고 합니다.

그 후 한 시각장애인이 찾아와서 또 기도해 달라고 말했을 때, 예수의 이름으로 눈을 뜨라고 말하니까 그 자리에서 눈을 뜨고 보인다고 소리쳤다고 합니다. 기적의 역사는 현재 진행형입니다.

필요하다면, 하나님은 초대 교회 당시 일어났던 기적들을 지금도 똑같이 일으키시고 능력으로 역사하실 것입니다. 기도하는 사람들에게는 이런 일이 일어날 수 있다고 믿으십시오. 하나님은 어제나 오늘이나 영원토록 동일하신 분입니다.

영적 전쟁터의 한 가운데서 늘 기도하는 당신이 되길 축원합니다. 우리가 기도할 때 하나님이 우리를 대신해 우리를 가로막는 현실과 싸우시고 기적을 일으키십니다.

3. 성령 충만한 기도가 마귀를 이깁니다

이 사회에는 예수님을 대적하고 방해하는 세력들과 악한 영이 존재합니다. 그들은 또 우리 개인들 안에도 있습니다. 이 악한 영들은 우리가 은혜를 받으려 하면 우리 속에서 난리를 칩니다. 새벽 기도라도 할라치면 "꼭 그렇게 유별나게 믿어야겠냐? 기도는 낮에 해도 되고 저녁에 해도 되는데, 왜 꼭 새벽부터 기도한다고 그러냐?' 하며 마음 안에서 난리를 칩니다.

혹은 "예수는 그렇게 별나게 믿는 게 아니다. 별나게 믿는 사람 치고 별 볼일 없더라. 감정적으로 몇 달 그렇게 하다가 다 끝나더라. 예수 믿는 예수쟁이들은 신용도 없으니 그냥 대충 믿어라" 하며 우리의 신앙 생활을 방해합니다.

악한 영들은 이처럼 시시때때로 우리의 신앙 생활을 방해합니다. 이 세력들은 이 사회에도 있지만, 바로 우리 자신 안에도 있습니다. 자신의 신앙에 대해 괜히 비판하고 욕하는 방해 세력들의 소리가 자기 자신 안에서 막 나옵니다. 악한 영들의 소리입니다. 그러면 우리는 이때 어떻게 해야 합니까?

"이 박수 엘루마는(이 이름을 번역하면 박수라) 저희를 대적하여 총독으로 믿지 못하게 힘쓰니 바울이라고 하는 사울이 성령이 충만하여 그를 주목하고"(행 13:8-9).

바울이 거짓 선지자 박수를 어떻게 했습니까? 성령이 충만하여 그를 주목했습니다. 귀신을 쫓으려면 성령이 충만해야 합니다. 성령 충만하지 않고 기도도 하지 않으면서 귀신을 쫓으려고 하면 귀신이 뭐라고 하는 줄 압니까? "너나 잘해" 그러면서 절대 물러가지 않습니다.

귀신은 영물이라 우리가 기도하는지 안 하는지를 너무나 잘 압니다. 아무리 예수님을 잘 믿는 척해도 뒤에서 나쁜 짓을 하거나 비신앙적으로 행동하면 그것도 다 알아챕니다. 그러므로 우리는 귀신에게 약점 잡히지 않도록 경건한 삶을 살아야 합니다. 그렇지 않으면 귀신에게 당합니다. 귀신을 이기려면 특히 성령 충만해야 합니다. 그리고 날마다 예수 그리스도 안에서 죄를 고백하고 기도해야 합니다.

귀신을 쫓는 일은 지적인 문제가 아니라 영적인 문제입니다. 우리가 회개하고 기도하며 믿음으로 말씀 위에 굳게 서 있을 때만 악령들이 물러갑니다. 우리 자신이 느끼기에도, 열심히 기도하고 성령 충만하면 귀신이 달려들어도 무섭지 않습니다. 그냥 입으로 훅 불면 날려갈 것 같습니다. 하지만 기도하지 않고 성령 충만하지 않으면 귀신이 얼마나 무서워 보이는지 모릅니다. 귀신의 세력에 쓰러지고 말 것 같은 느낌이 듭니다.

마귀를 대적하여 승리하기 원합니까? 그렇다면 이 한 가지는 꼭 기억하십시오. 마귀를 대적해서 승리하려면 반드시 성령 충만해야 합니다. 그리고 기도해야 합니다.

"우리는 어찌하여 능히 그 귀신을 쫓아내지 못하였나이까 이르시되 기도 외에는 이런 유가 나갈 수 없느니라 하시니라"(막 9:28-29).

4. 단호한 명령 기도로 귀신을 쫓아내십시오

귀신을 쫓아내는 데는 두 가지가 필요합니다. 그 중 하나는 영적 능력입니다. 예수님이 이 땅에 살아 계실 때, 한 부모가 귀신들린 아이를 데리고 와서 간청했습니다.

"제 아이를 좀 고쳐 주십시오."

예수님은 그에게 "내 제자들이 안 고쳐 주더냐?"고 물으셨습니다.

그가 대답했습니다. "그들은 고치지 못했습니다."

그러자 예수님이 그 아이에게서 귀신을 쫓아내 주셨습니다. 나중에 제자들이 예수님에게 여쭤 보았습니다.

"예수님, 우리는 왜 귀신을 쫓아낼 수 없었습니까?"

예수님이 대답하셨습니다. "기도 외에 다른 것으로는 이런 유가 나갈 수 없느니라."

제자들은 예수님과 늘 함께 있었고 예수님이 귀신 쫓는 것을 직접 보았었음에도 귀신을 쫓아내지 못했습니다. 우리도 그런 경우가 많습니다. "예수 이름으로 명하노니, 더러운 귀신아 물러가라!" 아무리 큰소리로 외쳐도 안 됩니다. 왜 그렇습니까? 영적인 능력이 없기 때문입니다. 기도의 능력이 없기 때문입니다.

귀신은 영적인 존재이기 때문에 우리의 영적인 상태를 잘 압니다. 기도하지 않고 더럽게 산 것도 다 알고, 어젯밤에 무슨 죄를 지었는지도 다 압니다. 그런데 오늘 "할렐루야!" 한다고 귀신이 나가겠습니까? 오히려 우리를 얕볼 것입니다.

그러나 귀신은 기도하는 사람, 거룩하게 사는 사람 앞에서는 벌벌 떱니다. 빛의 삶을 사는 사람 앞에서는 벌벌 떱니다. 바울과 실라가 기도하러 가다가 만난 점치는 귀신이 그랬습니다(행 16:16이하). 그는 바울을 보자마자 겁에 질렸습니다. 바울에게 영적인 능력이 있었기 때문입니다.

"바울과 우리를 좇아와서 소리 질러 가로되 이 사람들은 지극히 높은 하나님의 종으로 구원의 길을 너희에게 전하는 자라 하며 이같이 여러 날을 하는지라 바울이 심히 괴로워하여 돌이켜 그 귀신에게 이르되 예수 그리스도의 이름으로 내가 네게 명하노니 그에게서 나오라 하니 귀신이 즉시 나오니라"(행 16:17-18).

그리스도인의 삶에는 이런 실제적인 삶의 능력이 있어야 합니다. 우리가 그리스도인의 삶을 제대로 살지 못하면 귀신 들린 자를 볼 때 우리가 먼저 넘어갑니다. 그러나 우리가 기도를 쉬지 않고 거룩하게 살면 별의별 귀신이 와도 문제없습니다. 귀신 들린 사람을 만나도 그가 아이 같아 보이고 아무 염려가 되지 않으며 상대하기 쉽게 느껴집니다. 아무리 능력이 많은 귀신도 예수님 앞에서는 꼼짝을 못하기 때문입니다. 그러므로 귀신 때문에 미리 걱정하거나 두려워하지 마십시오.

귀신을 쫓아내는 데 필요한 또 한 가지는 더러운 귀신이 나가도록 '예수의 이름' 으로 명령하는 것입니다. 바울에게는 능력이 있었습니다. 영적인 권위도 있었습니다. 하지만 바울이 아무것도 하지 않으면 며칠이 지나도 귀신은 나가지 않습니다. 귀신은 바울이 나가라고 명령하자 비로소 나갔습니다. 이처럼 능력이 있어도 그것을 사용하지 않으면 귀신은 그냥 눌러앉아 있습니다.

"예수 이름으로 명하노니 더러운 귀신아, 썩 떠날지어다!"

귀신을 쫓아낼 때는 이렇게 영적 권위를 가지고 단호하게 명령을 내려야 합니다. 그때 더러운 귀신이 즉시 떠나갑니다.

많은 사람들이 예수님을 믿지만 능력이 없습니다. 겨우 자기의 구원 하나 지탱하기도 버거워서 찡찡대는 사람들이 참 많습니다. 겉모습만 그리스도인이 아니라 하나님을 증거할 수 있는 능력을 지닌 참 그리스도인이 되어야겠습니다.

5. 기도는 하나님과 사탄의 것을 분별하게 합니다

사탄은 사람들의 눈에 띄게 나타나지 않습니다. 만약 사탄이 겉으로 눈에 띄게 나타난다면 사람들은 모두 미리 알고 도망갈 것입니다. 어느 누구도 사탄에게 걸려 넘어질 사람이 없을 것입니다. 그렇기에 사탄은 천사로 가장하고 나타납니다. 그럴듯한 논리와 이성을 가지고 나타납니다. 말씀을 위장하고, 신앙을 가장해서 들어옵니다.

이때 우리에게 말씀이 없으면 그것이 하나님에게서 온 것인지, 아니면 사탄에게서 온 것인지 구분하기가 어렵습니다. 기도하지 않으면 그것이 인간에게서 온 것인지, 아니면 하나님에게서 온 것인지 구분하기 어렵습니다. 말씀과 기도로 말미암은 영적 분별력이 없다면 사탄의 것과 하나님의 것을 구분하기 어렵습니다.

우리에게는 영적 분별력이 절대적으로 필요합니다. 그러므로 우리는 쉬지 않고 기도하고 경계해야 합니다. 하나님 앞에 무릎을 꿇어야 합니다. 말씀에 깊이 뿌리를 내려야 합니다. 그렇게 할 때 영적인 분별력이 생겨서 사탄의 유혹을 막을 수 있기 때문입니다.

당신은 대개 중요한 결정을 할 때 누구의 권면을 듣습니까? 주로 누구와 의논합니까? 우리는 잘못된 충고를 받아들여서 패가망신한 사람들의 이야기를 많이 듣습니다. 어떤 일을 결정할 때 우리는 전문가들을 찾아가 그들의 조언을 듣습니다. 물론 전문가들의 조언도 필요합니다. 그러나 그 가운데도 반드시 하나님이 함께 계셔야 합니다. 우리가 가장 먼저 찾아야 할 분은 바로 하나님입니다.

영적 지혜와 분별력을 지닌 목회자들을 찾아가십시오. 그러나 그들이 정치, 경제, 교육, 사회 등 모든 분야의 박사가 아니라는 사실을 잊어서는 안 됩니다. 그의 말에 귀 기울여야 하는 것은 전문적 지식 때문이 아니라 하나님의 사람이 하는 조언이기 때문입니다. 전문적 지식이 좀 부족하더라도 괜찮습니다. 그가 지닌 영적 분별력이 더 중요합니다. 그 영적 분별력은 곧 하나님과의 관계요, 믿음의 선택입니다.

당신은 자녀를 장가보내고 시집보낼 때 누구와 의논합니까? 기도로 하나님과 의논합니까? 혹시 전적으로 중매 전문가의 충고를 의지하는 것은 아닙니까? 혹시 점쟁이를 찾아가지는 않습니까? 사람들은 불안한 만큼 그런 것을 더 의지하고 싶어 합니다. 그러나 그럴수록 우리는 하나님과 의논해야 합니다. 하나님의 사람과 의논해야 합니다.

만약 조언해 줄 만한 하나님의 사람이 주위에 없다면 일 년만 새벽마다 무릎 꿇고 기도하십시오. 그러면 아무리 미련한 사람이라도 영적 분별력이 생길 것이며, 하나님이 해야 할 바를 가르쳐 주실 것입니다.

자녀를 출가시키는 데 최소한 일 년도 새벽 기도 안 하고 선택하는 그런 위험한 일이 어디 있겠습니까? 그것처럼 무모한 일이 어디 있겠습니까? 자녀가 군대를 가도 기도해야 합니다. 선택의 기로에 놓였을 때, 조언이 필요할 때, 기도하십시오. 그리고 하나님의 사람의 충고에 귀 기울이십시오. 그 사람에게 전문 지식이 없어도 좋습니다. 가장 중요한 것은 영적인 분별력입니다.

"너희는 이 세대를 본받지 말고 오직 마음을 새롭게 함으로 변화를 받아 하나님의 선하시고 기뻐하시고 온전하신 뜻이 무엇인지 분별하도록 하라"(롬 12:2).

6. 마귀는 기도하지 않는 영혼을 좋아합니다

귀신은 기도하지 않는 영혼, 타락한 영혼 안에 깃들기를 제일 좋아합니다. 아무리 집을 잘 청소해서 깨끗하다고 해도 그 집이 비어 있으면 반드시 귀신에게 점령당합니다.

"더러운 귀신이 사람에게서 나갔을 때에 물 없는 곳으로 다니며 쉬기를 구하되 얻지 못하고 이에 가로되 내가 나온 내 집으로 돌아가리라 하고 와 보니 그 집이 비고 소제되고 수리되었거늘 이에 가서 저보다 더 악한 귀신 일곱을 데리고 들어가서 거하니 그 사람의 나중 형편이 전보다 더욱 심하게 되느니라 이 악한 세대가 또한 이렇게 되리라"(마 12:43-45).

여기서 집은 인간의 마음을 의미합니다. 이 말씀을 다시 풀면 이렇습니다. 한 사람이 예수님을 영접하고 교회에 나왔습니다. 그리고 나쁜 습관을 다 버렸습니다. 몸속의 더러운 생각을 다 내쫓았습니다. 깨끗이 청소하고 수리하여 아름답게 장식했습니다. 이제 이 사람은 누가 보아도 괜찮은 사람이 되었습니다. 그런데 깊이 보니까 그 마음속에 주인이 없습니다. 집을 깨끗이 청소하긴 했는데 비어 있는 것입니다. 그래서 그 빈 집을 보고 그 전에 살던 더러운 귀신이 다시 들어갑니다. 이번에는 혼자가 아니라 다른 귀신까지 데리고 말입니다.

빈 집, 그것이 문제입니다. 인간은 원래 죄인이기 때문에 마음의 집을 무방비 상태로 비워 두면 더러운 귀신이 들어와 자리잡게 마련입니다. 그러므로 우리는 예수 그리스도를 마음의 집에 모셔 들여야 합니다. 우리 마음에 있는 모든 방을 그분으로 채워야 합니다.

우리가 아무리 도덕적인 삶을 살고, 실천적인 삶을 산다고 해도 예수님이 우리 마음과 인생의 주인이 되지 못한다면 귀신은 더 악한 기세로 달려들어 우리를 공격하고 마음의 집을 점령할 것입니다.

예수님을 영접하는 것으로 모든 것이 끝났다고 생각하면 오산입니다. 그 이후 내 마음의 집을 어떻게 관리하느냐, 누가 그 집의 주인이 되게 하느냐가 중요합니다.

"예수 이름으로 명하노니 더러운 귀신아 나갈지어다!" 하면 귀신이 통곡하며 나갑니다. 병도 낫습니다. 그러나 그것으로 만족해서는 안 됩니다. 그렇게 귀신이 나가서 내가 깨끗이 청소되고, 새로 장식되었다 할지라도 계속해서 내 마음 중심에 예수 그리스도를 주인으로 모시지 않으면,

계속해서 그분을 나의 왕이요, 나의 주인으로 모시지 않으면 귀신은 더 악한 귀신을 데려와 더 악하고 더러운 상태로 만들어 버립니다.

이런 지경에 이르지 않으려면 쉬지 않고 기도해야 합니다. 예수님에게 마음의 집을 온전히 내어 드려야 합니다. 사탄은 기도하지 않는 영혼을 좋아합니다. 그리고 빈 집을 좋아합니다.

7. 기도의 사인을 주실 때 깨어 기도하십시오

우리는 신앙의 잠을 자지 않도록 조심해야 합니다. 예수님의 변형된 모습을 본 베드로의 반응을 보십시오. 얼마나 엉뚱한 말을 하고 있습니까?

"엿새 후에 예수께서 베드로와 야고보와 그 형제 요한을 데리시고 따로 높은 산에 올라가셨더니 저희 앞에서 변형되사 그 얼굴이 해같이 빛나며 옷이 빛과 같이 희어졌더라 때에 모세와 엘리야가 예수로 더불어 말씀하는 것이 저희에게 보이거늘 베드로가 예수께 여짜와 가로되 주여 우리가 여기 있는 것이 좋사오니 주께서 만일 원하시면 내가 여기서 초막 셋을 짓되 하나는 주를 위하여, 하나는 모세를 위하여, 하나는 엘리야를 위하여 하리이다"(마 17:1-4).

누가복음 9장 32절을 보면 베드로가 그 말을 한 배경을 짐작할 수 있습니다. "베드로와 및 함께 있는 자들이 곤하여 졸다가 아주 깨어 예수의 영광과 및 함께 선 두 사람을 보더니." 그는 졸다가 변형되신 예수님을 보았던 것입니다.

졸다가 깬 베드로는 초막 셋을 짓자고 말합니다. 그런데 그 다음 구절을 보면 "자기의 하는 말을 자기도 알지 못하더라"(눅 9:33)는 말이 나옵니다. 그러니까 베드로가 지금 헛소리를 하고 있는 것입니다. 자기가 하는 말을 자기도 모릅니다.

베드로는 육신의 잠만 잔 것이 아닙니다. 신앙의 잠도 잤습니다. 베드로는 잠을 자다가 깨어 헛소리를 했습니다. 잠을 자고 있던 베드로는 땅의 일에 관심이 더 많았습니다. 지금 하늘의 사건이 땅에서 벌어지고 있는데, 예수님의 얼굴이 해같이 빛나고 그 옷의 광채가 영광의 빛으로 빛나고 있는데 베드로는 집 지을 생각에 빠져 있었던 것입니다.

우리는 기도해야 할 때 기도해야 합니다. 기도해야 할 때 기도하지 않고 자면 깨어나서 엉뚱한 소리를 하게 됩니다. 엉뚱한 반응을 보이게 됩니다. 지금 세계 도처에서 엄청난 일들이 벌어지고 있습니다. 하루가 다르게 정치·경제 상황이 급변하고 있습니다. 기후의 변화와 지진과 기근이 일어납니다. 이런 상황들을 바라보며 아무 깨달음이 없습니까? 아니면 어떤 징조가 보입니까?

만약 이런 사건들을 비롯하여 자신에게 일어나는 모든 사건들을 영적으로 해석할 능력이 없다면 우리는 곧 낭패를 보고 말 것입니다. 하나님은 여러 가지 모양으로 우리에게 사인을 보내 주십니다. 우리는 하나님이 보

내 주시는 사인들을 무시하고 대수롭게 여기면 안 됩니다. 하나님이 사인을 보여 주실 때 깨어 기도해야 합니다. 기도해야 할 때 기도하지 않으면 하나님이 주신 기회를 놓치고 말 것입니다.

"이 곤고한 자가 부르짖으매 여호와께서 들으시고 그 모든 환난에서 구원하셨도다"(시 34:6).

8. 예수님께서 기도를 가르쳐 주십니다

능력의 하나님이 바로 내 아버지입니다
우리 삶으로 아버지의 이름에 영광을
기도는 이 땅에 천국을 심습니다
하나님은 모든 영혼이 구원받기 원하십니다
우리를 위해 필요한 모든 것이 준비되었습니다
용서받고 용서한 자가 하나님의 긍휼을 입습니다
기도는 시험 예방약이자 치료약입니다
모든 영광은 오직 하나님의 것입니다
기도로 마무리되는 인생이 최고 인생입니다

누구에게 기도하는가?

1. 능력의 하나님이 바로 내 아버지입니다

"하늘에 계신 우리 아버지여…"(마 6:9).

예수님이 기도를 가르쳐 주실 때 제일 먼저 가르쳐 주신 것은 기도의 대상입니다. 기도는 독백이나 푸념, 또는 하소연이 아닙니다. 참된 기도에는 인격적이고 구체적인 분명한 대상이 있어야 합니다. 그래서 우리가 드리는 기도는 돌부처, 혹은 천지신명에게 냉수 한 그릇 떠놓고 하는 기도와는 다릅니다. 예수님은 우리의 기도의 대상이 '하늘에 계신 우리 아버지'라고 분명히 가르쳐 주셨습니다.

이것은 첫째, 하나님이 인격적인 분이심을 보여 주고 있습니다. 하나님은 어떤 개념이나 이상, 또는 원리나 철학이 아닙니다. 그분은 실제로 우리를 지으신 창조주시며, 우리가 아버지라고 부를 수 있는 인격적인 대상입니다. 실제란 느낄 수 있고, 만질 수 있고, 볼 수 있고, 들을 수 있고,

응답할 수 있는 것을 의미합니다.

둘째, "하늘에 계신"이라는 말은 하나님이 계시지 않는 곳이 없는 능력의 하나님이라는 뜻입니다. 하나님은 땅 끝에 가도 거기 계시고, 하늘 끝에 가도 거기 계시며, 바다 끝에 가도 거기 계시는 공간을 초월하신 분입니다. 사람이 제일 숨기 좋은 곳이 자기 마음입니다. 그러나 우리의 무의식의 가장 깊은 곳에도 하나님은 계십니다. 또한 하나님은 시간에 제한을 받지 않으시는 영원 무한하신 분입니다. 우리의 과거 속으로 들어가시기도 하고 우리의 미래 속에 이미 가 계신 분이기도 합니다.

그러므로 우리가 아무리 하나님을 거부해도 피할 길이 없고, 우리가 아무리 부끄러운 것이 있어 하나님에게 숨긴다 해도 숨길 수가 없습니다. '하늘에 계신' 우리 아버지 하나님은 이러한 능력의 존재시라는 것을 우리가 믿고 기도해야 합니다.

셋째, "우리 아버지여"라는 말은 하나님이 우리들의 아버지라는 뜻입니다. 우리는 한때 마귀의 자녀였습니다. 그러나 하나님이 예수 그리스도를 우리에게 보내 주셔서 우리를 하나님의 자녀로 회복시켜 주셨습니다. 그래서 우리는 하나님을 아버지라고 부를 수 있게 되었습니다.

아무리 능력 많고 인격적인 멋진 아버지가 있다 할지라도 그분이 나의 아버지가 아니면 나와 무슨 상관이 있겠습니까? 그러나 그분이 만일 나의 아버지라면 어떻습니까? 아프면 돌보아 주시고, 잠 못 들고 고민하면 같이 울어 주시고, 절망에 빠져 있을 때면 위로해 주시고 새 힘을 주실 것입니다. 하나님이 우리에게 그런 아버지가 되어 주셨습니다.

예수님은 우리에게 기도를 가르쳐 주실 때 위대한 능력의 하나님이 바로 '나'의 아버지이며, 동시에 '우리'의 아버지라고 말씀하셨습니다. 우리는 더불어 살아가야 하는 존재입니다. 잘살고 못살고, 똑똑하고 미련하고, 배웠고 못 배웠고 하는 식으로 나누면 안 됩니다. 우리는 다함께 하나님의 부름을 받은 천국 백성입니다.

넷째, "하늘에 계신 우리 아버지"는 사랑과 용서의 아버지를 뜻합니다. 이 세상에서 가장 친근한 개념이 있다면 나를 사랑하고 용서하는 아버지, 곧 아빠입니다. 예수님이 말씀하신 '아버지'도 나를 보호하고 사랑하고 격려하고 소망을 주는 '가장 좋은 아빠'를 의미합니다. 예를 들면 탕자의 아버지 같은 분 말입니다. 탕자의 아버지는 자신에게서 물려받은 재산을 다 가지고 나가서 탕진하고, 결국 돼지가 먹는 쥐엄 열매를 먹고 살던 아들이 빈손으로 돌아올 때까지 그 아들을 잊지 못하여 대문 밖에서 날마다 문을 열어 놓고 기다렸습니다.

어떤 살인자를 향해 모든 사람이 다 손가락질한다고 해도 그의 어머니는 살인자 아들에게 손가락질하지 않습니다. 어떤 민족 반역자를 향하여 온 국민이 욕을 하더라도 그의 아버지는 자기 아들에게 그렇게 할 수 없습니다. 하나님이 바로 그런 분이십니다. 내게도 얼마나 잘못한 것이 많고 허물이 많습니까? 그럼에도 불구하고 그분은 나를 용서하시고 사랑으로 기다려 주십니다. 아버지시기 때문입니다.

우리는 이제 주기도문을 시작하면서 "하늘에 계신 우리 아버지여"라고 부를 때 아무 생각 없이 형식적으로 읊조려서는 안 됩니다. 인격적이고 전지전능하신 하나님이 나와 상관 있는 나의 아버지시고, 그분이 또한 나의 기도에 귀를 기울이고 계심을 믿고 기도를 시작해야 합니다.

거룩을 위해 기도하라

2. 우리 삶으로 아버지의 이름에 영광을

"하늘에 계신 우리 아버지여 이름이 거룩히 여김을 받으시오며…"(마 6:9).

하나님은 거룩하신 분입니다. 그분은 우리가 그분의 거룩하심을 인정하고 그분의 이름을 높이고 경배하는 것이 예배라고 하셨습니다. 하나님의 이름은 곧 하나님입니다. 십계명 중 세 번째 계명은 "너는 너의 하나님 여호와의 이름을 망령되이 일컫지 말라"입니다. 그러나 오늘날 세상 사람들은 얼마나 많이 하나님의 이름을 더럽히고 망령되이 일컫는지 이루 말할 수 없습니다.

그런데 세상 사람들이 하나님의 이름을 더럽히는 것보다 더 큰 문제는 하나님을 믿는 사람들이 하나님의 이름을 더럽히는 것입니다. 하나님을 믿는다고 하는 우리가 위선적이고 이율배반적인 말과 행동을 할 때, 세상 사람들은 우리를 향해 손가락질할 뿐 아니라 하나님의 이름에

욕을 합니다.

주님의 기도에서 "거룩히 여김을 받으시오며"의 뜻은 무엇입니까? 거룩하신 하나님을 우리가 더욱 거룩하게 할 수는 없습니다. 문제는 '나' 입니다. 이 간구는 나를 통해서 거룩하신 하나님의 이름이 더렵혀지지 않도록 나 자신이 거룩한 삶을 살게 해 달라는 것입니다. 우리는 위선적인 신앙, 위선적인 기도를 통해서 하나님의 거룩하심을 얼마든지 더럽힐 수 있습니다. 이제 우리는 그것을 경계하고 하나님의 거룩하심을 늘 생각하며 그분의 거룩하심을 선포해야겠습니다. 그분의 거룩하심 속에는 순결과 능력과 위엄이 있습니다.

우리가 교회에서 무슨 일을 했느냐보다 더 중요한 것은 그 일들의 결과가 하나님에게 영광이 되느냐, 그분의 이름이 거룩하게 나타났느냐 하는 것입니다. 그러므로 그리스도인의 첫 번째 기도는 "나를 통하여 하나님이 거룩히 여김을 받게 도와주시옵소서" 하는 기도여야 합니다. 그것이 하나님의 영광을 생각하는 기도입니다.

하나님의 통치를 구하라

3. 기도는 이 땅에 천국을 심습니다

"나라이 임하옵시며…"(마 6:10).

"나라이 임하옵시며"라는 기도는 "하나님 나라가 제게 오게 해 주십시오"라는 뜻입니다. 예수님의 기도의 핵심은 하나님의 나라입니다. 그 나라가 지금 여기에 임하도록 기도하는 것입니다.

예수님 당시 모든 이스라엘 사람들은 새로운 메시아, 새로운 사회를 기다렸습니다. 즉 구약의 약속이 성취되기를 대망했던 것입니다. 그런데 예수님은 자신이 세상에 오셔서 그 나라가 이 땅에 임했다고 말씀하셨습니다. 그렇다면 하나님의 나라는 무엇입니까?

첫째, 세상 나라가 아니고 하나님에게 속한 나라입니다. 인간을 중심으로 한 세상 나라는 미움과 분노와 투쟁의 원리, 곧 약육강식의 원리를 따라 움직이지만, 하나님의 나라는 사랑과 용서의 원리 아래 서로 섬김과 봉사, 협력과 헌신으로 이루어져 갑니다.

둘째, 하나님의 나라는 그 주인이신 하나님의 통치가 있는 곳, 곧 천국입니다. 천국이란 어떤 지명이 아니라 하나님의 영향력과 통치가 있는 곳입니다. 장소의 개념이 아니라 통치의 개념입니다.

천국의 이러한 통치 개념 때문에, 예수님이 하나님의 아들로서 이 세상을 구원하기 위해 세상에 오셨을 때 하나님의 나라가 임했다고 말씀하신 것입니다. 또한 이러한 의미에서 예수님은 제자들에게 천국을 비유로 말씀하셨고, 가는 곳마다 천국 복음을 가르치셨습니다. 이 천국은 지상에서의 예수님의 통치를 의미합니다. 곧 어느 곳이든 예수님이 계신 곳이 천국인 것입니다.

셋째, "하나님의 나라는 먹는 것과 마시는 것이 아니요 오직 성령 안에서 의와 평강과 희락"입니다(롬 14:17). 이러한 천국은 예수님이 이 땅에 오심으로 이미 이루어졌습니다. 이것은 우리가 구원받은 것을 의미합니다.

마태복음 12장 28절도 "그러나 내가 하나님의 성령을 힘입어 귀신을 쫓아내는 것이면 하나님의 나라가 이미 너희에게 임하였느니라"고 했습니다. 그리고 누가복음 17장 20-21절에도 "바리새인들이 하나님의 나라가 어느 때나 임하나이까 묻거늘 예수께서 대답하여 가라사대 하나님의 나라는 볼 수 있게 임하는 것이 아니요 또 여기 있다 저기 있다고도 못하리니 하나님의 나라는 너희 안에 있느니라"고 기록하고 있습니다.

예수님의 말씀처럼 우리 안에 지금 천국이 임하여 있습니다. 얼마나 놀라운 사실입니까? 그러나 많은 사람들은 천국을 죽으면 가는 곳으로만 생각합니다. 물론 죽으면 우리는 완전히 천국에 갑니다. 그러나 하나님의 나라는 그리스도와 함께 이미 지상에 왔고, 그리스도가 지배하고 있는 곳은 모두 천국입니다. 물론 이 천국이 완성된 것은 아닙니다. 천국은 마지막 날, 곧 예수님이 다시 오시는 날 완전히 이루어질 것입니다. 이것은 한편으로 우리가 성화되는 것을 의미하기도 합니다. 천국은 지금 이 시간에도 복음 전도를 통해 확장되어 가고 있습니다.

예수님을 모신 마음이 천국이요, 예수님을 모신 가정과 사회가 천국입니다. 그러나 "예수님을 모셨다"는 것은 "단순히 예수님을 안다, 예수님을 믿었다, 예수님을 모셨다"는 뜻이 아닙니다. 그것은 우리가 예수님을 왕으로 모시고, 그분의 지배와 통치를 받기로 결정하고, 그분이 명령하는 대로 지켜 행한다는 뜻입니다. 그럴 때 천국이 우리에게 임하고 느껴지기 시작합니다.

우리는 교회의 모든 모임에서 천국을 경험해야 합니다. 사실 우리는 다 부족하고 갈등이 있으며 실수가 많은 사람들 아닙니까? 그러나 이런 사람들일지라도 함께 모여 하나님 말씀을 중심으로 기도하고 서로 사랑할 때, 새로운 하나님의 세계를 하나하나 경험할 수 있습니다. 얼마나 놀랍습니까? 사도 바울은 감옥에 있으면서도 천국을 경험했습니다. 환경은 중요하지 않습니다. 조직도 중요하지 않습니다. 예수님의 통치와 지배를 받는다면 그곳이 바로 천국입니다.

만약 우리가 예수 그리스도를 구주로 믿고 구원을 받았다 할지라도 현재 천국을 누리지 못하고 괴로워하고 있다면 얼마나 큰 불행입니까? 그렇게 오래 예수님을 믿고도 마음의 평화가 없고, 그 마음에 천국이 없다면 얼마나 큰 모순입니까? 당신이 지금 어떤 형편에 있든지 당신에게 하나님의 통치가 이루어지도록 이렇게 기도하지 않겠습니까?

"주님, 저는 예수님을 믿고 구원을 받았다고 하면서도 제 생각, 제 고집, 제 방법대로 살아왔기 때문에 깊은 갈등과 고민 속에 빠져 있습니다. 지금 제게 오셔서 저를 통치하사 제 마음, 제 가정, 제가 사는 이 세계에 천국이 임하게 하여 주시옵소서. 주님, 저는 제 자신의 왕좌에서 내려와 주님 발 앞에 앉아 주님께 순종하겠나이다."

우리가 진심으로 이렇게 기도하는 순간에 주님의 통치가 우리에게 임할 것입니다. 그리고 이때 우리 안에 전정한 평화가 임할 것입니다. 바로 이것이 주님의 나라가 우리에게 임하는 것이고, 우리가 누릴 수 있는 천국입니다.

하나님의 뜻을 구하라

4. 하나님은 모든 영혼이 구원받기 원하십니다

"뜻이 하늘에서 이룬 것같이 땅에서도 이루어지이다"(마 6:10).

그리스도인이라면 하나님의 뜻대로 사는 것이 가장 큰 소망일 것입니다. 그렇다면 먼저 하나님의 뜻을 바로 아는 것이 중요합니다. 디모데후서 1장 9절은 "하나님이 우리를 구원하사 거룩하신 부르심으로 부르심은 우리의 행위대로 하심이 아니요 오직 자기 뜻과 영원한 때 전부터 그리스도 예수 안에서 우리에게 주신 은혜대로 하심이라"고 말씀합니다.

천국에서 이루어질 하나님의 뜻은 하나입니다. 그것은 인간을 구원하시려는 하나님의 계획입니다. 에베소서 1장 11절은 "모든 일을 그 마음의 원대로 역사하시는 자의 뜻을 따라 우리가 예정을 입어 그 안에서 기업이 되었으니"라고 말씀합니다. 바로 그것 때문에 하나님은 예수님을 세상에 보내셨고, 그것 때문에 예수님은 십자가에 못 박혀 돌아가셨습니다. 예수님도 직접 "내가 세상에 온 것은 그분(하나님)의 뜻을 이루려 함이라"고 말씀하셨습니다.

우리는 하나님의 뜻을 혼동하지 말아야 합니다. 하나님의 뜻은 세상의 모든 영혼을 구원하는 것입니다. 이것보다 더 위대한 뜻은 없습니다. 이러한 하나님의 뜻인 구원을 우리 편에서 쉽게 말하면 무엇이겠습니까? 그것은 전도이며, 나아가 세계 선교입니다. 우리가 밤 깊도록 동산 안에 주님과 함께 있고 싶지만 세상에 나아가야 하는 이유도 바로 이 목적 때문입니다.

예수 믿는 사람의 죽음을 불쌍히 여기지 마십시오. 불쌍한 사람은 우리입니다. 왜냐하면 죽은 사람은 이미 하나님 곁에 가 있지만, 우리는 죄 많은 세상에서 갈등을 느끼고 몸부림치며 더 살아야 하기 때문입니다.

그렇다면 우리는 왜 삽니까? 그것은 하나님의 뜻을 위해서입니다. 왜 공부합니까, 왜 일합니까, 왜 결혼합니까? 그것은 모두 하나님의 뜻인 영혼 구원을 이루기 위해서입니다.

계획을 세워 전도하십시오. 전도하고자 하는 사람의 이름을 부르며, "하나님의 뜻이 이 사람에게 이루어지게 하여 주옵소서"라고 기도하십시오.

일용할 양식을 구하라

5. 우리를 위해 필요한 모든 것이 준비되었습니다

"오늘날 우리에게 일용할 양식을 주옵시고…"(마 6:11-13).

하나님은 우리에게 육신을 주셨습니다. 육신은 그 자체가 나쁜 것이 아닙니다. 죄로 말미암아 육신의 생각의 지배를 받아 육체를 잘못 사용하는 것이 나쁩니다.

그런데 초대 교회에서는 이 육체가 악하다는 생각을 가진 사람들이 있었습니다. 그들은 신약 시대에 많은 영향을 준 영지주의자들입니다. 그들은 육체는 악한 것이고, 영은 좋은 것이라고 생각했습니다. 오늘날도 교회 안에 이러한 잘못된 이원론적 생각을 가진 사람들이 있습니다. 그들은 육신을 경멸하고, 영만이 선하고 착한 것이라고 주장하며 육신을 학대하는 금욕주의 생활을 하는데, 그것은 잘못입니다.

하나님은 우리에게 영을 주신 것처럼 육체도 주셨습니다. 하나님의 말씀에 따라 영으로 거듭난 사람에게는 이 육체가 얼마나 귀하고 소중한 것인지 모릅니다. 사도 바울은 우리의 몸을 가리켜 하나님이 거하시는 성전이라고까지 말했습니다. 그러므로 육체를 절대로 학대해서는 안 되고, 더럽고 악한 것이라고 말해서도 안 됩니다. 예수님은 우리에게 육신이 사는 데 필요한 모든 것들을 구하라고 하셨습니다.

그렇다면 주님이 가르쳐 주신 기도에서 '일용할 양식'이란 무엇입니까? 이 양식에 대해서는 여러 사람이 여러 가지로 해석하고 있습니다.

터툴리안, 어거스틴, 키프리안 등 초대 교부들은 참된 양식이란 하나님의 말씀, 혹은 성만찬의 음식이라고 거룩하게 해석했습니다. 이에 대해 칼빈은 교부들의 생각이 지나친 것이라고 했고, 루터는 음식, 건강한 몸, 좋은 날씨, 집, 가정, 좋은 정부, 평화 같은 것들이라고 했습니다. 그러나 한마디로 일용할 양식은 지상에서 우리가 살기 위해 필요한 모든 것을 의미합니다.

사도 바울은 "나의 하나님이 그리스도 예수 안에서 영광 가운데 그 풍성한 대로 너희 모든 쓸 것을 채우시리라"(빌 4:19)고 말했습니다. 하나님은 자신을 신뢰하는 사람에게 그들이 필요로 하는 모든 것을 반드시 채워 주십니다. 이러한 확신이 오늘날 우리 그리스도인들에게 필요합니다.

우리 삶에서 떠나지 않는 문제는 이 광야 같은 세상에서 어떻게 살아가느냐 하는 것입니다. 이것에 대한 해답이 만나입니다. 하나님이 광야에서 방황하고 근심하는 이스라엘 백성들에게 하늘의 양식을 주겠다고 하셨는데 그것이 만나였습니다. "때에 여호와께서 모세에게 이르시되 보라 내가 너희를 위하여 하늘에서 양식을 비같이 내리리니 백성이 나가서 일용할 것을 날마다 거둘 것이라"(출 16:4). 우리에게도 하나님이 내려주시는 만나가 날마다 필요합니다.

그런데 하나님이 만나를 주실 때 요구 조건이 한 가지 있었습니다. 그것은 순종과 믿음이었습니다. 출애굽기 16장 4절 후반부에 "이같이 하여 그들이 나의 율법을 준행하나 아니하나 내가 시험하리라"는 말씀을 통해 그 사실을 알 수 있습니다.

일용할 양식이란 이처럼 사람이 스스로 얻거나 사람의 노력의 대가로 얻어지는 것이 아니라 하나님이 주시는 것입니다. 당신은 왜 일을 합니까? 단지 먹고 살기 위해서입니까? 그렇다면 당신은 정말 불쌍한 사람입니다. 왜냐하면 거기에 생명이 걸려 있다는 생각에 싫어도 해야 하고, 부정까지도 해 가며 매달려 살아야 하기 때문입니다.

그러나 그리스도인들은 절대로 먹고 살기 위해서 직장을 다니는 것이 아닙니다. 노동에는 그것보다도 더 신성한 의미가 있습니다. 우리가 하나님의 뜻에 순종하기 위해 이런 저런 이유로 직장을 그만두게 되어도 세 끼는 먹고 삽니다. 먹는 것은 하나님이 해결해 주십니다.

예수님의 약속을 기억하십시오. "그러므로 염려하여 이르기를 무엇을 먹을까 무엇을 마실까 무엇을 입을까 하지 말라 이는 다 이방인들이 구하는 것이라 너희 천부께서 이 모든 것을 너희에게 더하시리라 너희는 먼저 그의 나라와 그의 의를 구하라 그리하면 이 모든 것을 너희에게 더하시리라"(마 6:31-33).

예수님이 말씀하셨듯이 일용할 양식이 하나님에게서 온다는 사실을 믿을 때, 우리는 의식주를 비롯한 물질생활에 시험을 받지 않고 승리할 것입니다.

예수님이 말씀하신 '일용할 양식'은 어제의 양식도 내일의 양식도 아니요, 오늘을 위한 양식을 뜻합니다. 예수님은 "그러므로 내일 일을 위하여 염려하지 말라 내일 일은 내일 염려할 것이요 한 날 괴로움은 그날에 족하니라"(마 6:34)고 말씀하셨습니다. 그리스도인의 삶은 자기가 자기의 삶을 책임지는 것이 아니라 하나님이 책임져 주심을 믿고 사는 삶입니다.

구약 시대의 만나는 매일 하루치씩만 거둘 수 있었다는 사실을 꼭 기억해야 합니다. 모세는 만나에 대해 "아무든지 아침까지 그것을 남겨 두지 말라"(출 16:19)고 지시했습니다. 사람들이 게으르거나 욕심이 생겨서 이 지시를 무시하고 이틀분의 만나를 거두었을 때는 거기에 벌레가 생기고 썩어서 냄새가 났습니다(출 16:20). 이것은 내일 양식은 우리의 것이 아니라는 뜻입니다.

그러면 "일용할 양식을 주옵소서" 하는 기도를 우리 삶에 구체적으로 어떻게 적용해야 할까요?

첫째, 우리는 일용할 양식을 위해서 기도해야 합니다. 예수님이 그렇게 하라고 하셨기 때문입니다. 그런데 여기서 우리에게 갈등이 하나 생깁니다. 예수님은 "구하기 전에 너희에게 있어야 할 것을 하나님 너희 아버지께서 아시느니라"(마 6:8)는 말씀도 하셨는데, 그렇다면 하나님이 이미 우리에게 필요한 것들을 아시는데 굳이 기도할 필요가 있을까요?

모순 같아 보이는 이 말씀 속에는 이런 의미가 있습니다. 하나님이 우리의 사정을 모르거나 잊어버려서 구하라고 하신 것이 아니라는 것입니다. 하나님은 우리가 배고픈 것도, 병든 것도, 필요한 것도 모두 알고 계시지만, 우리가 하나님의 약속을 믿고 구할 때 얻게 되는 관계를 원하시는 것입니다.

한 예로, 어떤 사람이 은행에 일억 원의 돈을 예금해 놓았다고 합시다. 그렇다고 그가 배부릅니까? 정말 배부르려면 은행에 가서 돈을 청구해서 필요한 것을 사야 합니다. 그때 은행에서는 왜 돈을 찾느냐, 왜 쓸데없이 돈을 쓰느냐고 간섭하지 않습니다. 우리가 요구하면 은행은 다만 주게 되어 있습니다. 이는 하나님과 우리의 관계와 비슷합니다. 하나님은 우리에게 필요한 모든 것을 갖고 계십니다. 우리는 그것을 기도와 순종과 믿음을 통해 하나님께 구해야 합니다. 그렇게 함으로써 그분이 우리를 위해 예비해 놓으시고 베풀어 주시는 일용할 양식을 누려야 합니다.

둘째, 하나님은 우리에게 필요한 양식을 구하라고 하셨지 사치품을 구하라고 하지는 않으셨다는 사실을 알아야 합니다. 그것은 "하나님, 제게 반지가 한 개 있는데 한 개 더 주십시오"라든지 "하나님, 제게 금목걸이가 하나밖에 없는데 그것으로는 만족할 수 없으니 다섯 개만 더 주십시오"라는 기도는 안 된다는 뜻입니다.

동시에 이 말씀은 내일의 양식을 구하는 것이 아니라 오늘의 양식을 구하는 것을 의미합니다. 이는 내일 것은 내일 또 주실 것이라는 하나님에 대한 확신과 신뢰를 뜻합니다. 내일 주실 것이라는 하나님의 약속을 믿지 않는 불신앙으로 인간은 미래에 대한 보장을 하나님 대신 자기가 스스로 해결하려 하고 있습니다.

하나님의 영광을 위한 것이 아닌 이상 내일의 모든 것은 다 허무합니다. 하나님은 우리의 필요는 채워 주시지만 탐욕이나 교만을 만족시켜 주시지는 않습니다. 하나님은 사람의 걸음을 정하시고 그 길을 기뻐하십니다.(시 37:23 참조) 의인을 지켜 주시고 참된 그리스도인들을 보호해 주실 것입니다. 우리는 다음과 같은 기도를 진정으로 드릴 수 있어야 합니다.

> "곧 허탄한 거짓말을 내게서 멀리하옵소서 나로 가난하게도 마옵시고 부하게도 마옵시고 오직 필요한 양식으로 내게 먹이시옵소서 혹 내가 배불러서 하나님을 모른다 여호와가 누구냐 할까 하오며 혹 내가 가난하여 도적질하고 내 하나님의 이름을 욕되게 할까 두려워함이니이다"(잠 30:8-9).

셋째, "일용할 양식을 주옵시고"라는 말씀은 하나님을 모르는 사람에게 주신 말씀이 아니라, 하나님을 신뢰하고 그리스도를 신실하게 따르는 사람들에게 주신 말씀이라는 사실을 깨달아야 합니다. 이렇게 말하면, 어떤 이는 방글라데시나 에티오피아의 기막힌 기근, 지금도 아사 직전에 있는 사람들에게는 이 말씀이 어떤 의미가 있는지를 질문할 것입니다. 분명한 사실은 하나님을 정말 신뢰하고 그리스도를 따르는 사람은 광야에서든, 가나안에서든 하나님이 지켜 주신다는 것입니다.

하나님을 잘 믿고 섬기는 나라는 망하는 법이 없습니다. 동시에 아무리 하나님을 잘 믿었던 나라라 할지라도 하나님을 버리면 어려움을 겪게 됩니다. 저는 우리 나라가 지금처럼 큰 복을 받은 이유는 이 땅의 신실한 그리스도인들과 교회의 부흥에 있다고 믿습니다. 또한 이 나라에 세계를 향한 선교적 사명이 있기 때문이라고 봅니다. 그러므로 우리가 이 거룩한 사명을 잃어버린다면 하나님이 우리 나라에 더는 복을 주실 이유가 없어지는 것입니다.

넷째, "일용할 양식을 주옵시고"라는 기도를 드릴 때 유의해 할 것이 있습니다. 하나님이 일하시고 먹이신다고 해서 우리가 게을러져서는 안 된다는 것입니다. 이에 대해서 특별히 예수님의 재림을 강조했던 사도 바울도 다음과 같이 말했습니다.

"우리가 너희와 함께 있을 때에도 너희에게 명하기를 누구든지 일하기 싫어하거든 먹지도 말게 하라 하였더니 우리가 들은즉 너희 가운데 규모 없이 행하여 도무지 일하지 아니하고 일만 만드는 자들이 있다 하니 이런 자들에게 우리가 명하고 즉 예수 그리스도 안에서 권하기를 종용히 일하여 자기 양식을 먹으라 하노라"(살후

3:10-12).

아마 초대 교회에도 '예수 그리스도만 전하면 되지' 라고 생각하면서 직업을 가지지 않는 사람이 있었나 봅니다. 그러나 교회는 할 일 없는 사람이 모인 곳이 아닙니다. 어떤 직업이든 가지십시오. 자기에게 먹을 것이 있다고 노는 것은 하나님의 뜻이 아닙니다.

여기서 우리는 기독교인의 직업 윤리관에 대해서 점검해 볼 수 있습니다. 돈을 받는 것만큼만 일하는 것은 그리스도인의 자세가 아닙니다. 그리스도인은 어떤 직장에서 무슨 일을 하든지 수입과 상관없이 최선을 다해 열심히 일함으로써 모든 사람으로 하여금 하나님의 영광을 보게 해야 합니다. 그렇게 할 때 우리가 영적으로나 육적으로 건강하게 살 수 있다고 성경은 말해 주고 있습니다. 일용할 양식에는 이러한 의미도 있는 것입니다.

그러면 하나님이 약속대로 일용할 양식을 주셨을 때 우리는 어떻게 해야 합니까? 먼저 감사를 드려야 합니다. 자기의 기술로 벌었든, 재주로 벌었든, 인기로 벌었든, 누군가에게 얻었든, 모든 양식은 하나님이 주신 것이므로 일차적인 감사는 하나님에게 해야 합니다. 우리에게 건강과 일터와 재능을 주신 것을 감사해야 합니다. 감사는 믿음의 표현입니다.

그리고 내가 배부르다고 만족할 것이 아니라, 가난하고 억눌린 사람에 대해서 불쌍히 여겨야 합니다. 일용할 양식이 없어서 굶주린 영혼들을 기억하고 기도하며 도와야 합니다. 이것은 하나님의 명령이기도 합니다.

"우리가 세상에 아무것도 가지고 온 것이 없으매 또한 아무것도 가지고 가지 못하리니 우리가 먹을 것과 입을 것이 있은즉 족한 줄로 알 것이니라 부하려 하는 자들은 시험과 올무와 여러 가지 어리석고 해로운 정욕에서 떨어지나니 곧 사람으로 침륜과 멸망에 빠지게 하는 것이라 돈을 사랑함이 일만 악의 뿌리가 되나니 이것을 사모하는 자들이 미혹을 받아 믿음에서 떠나 많은 근심으로써 자기를 찔렀도다"(딤전 6:7-10).

죄 사함을 위해 기도하라

6. 용서받고 용서한 자가 하나님의 긍휼을 입습니다

"우리가 우리에게 죄 지은 자를 사하여 준 것같이 우리 죄를 사하여 주옵시고" (마 6:12).

이 기도는 결코 "하나님, 제가 다른 사람을 용서했으니까 하나님도 제 죄를 용서해 주십시오" 하는 기도가 아닙니다. 만약 그런 뜻으로 기도했다면 그것은 우리가 감당하기 매우 어려운 기도일 것입니다.

많은 사람들이 말하길, 주기도문의 내용 중에서 이 말씀이 가장 해석하기도 어렵고 실천하기도 어렵다고 합니다. 그러나 예수님이 베드로에게 용서에 대해서 가르치실 때 사용하셨던 예화를 생각해 보면, 이 말씀의 뜻이 매우 쉽고 분명하게 나타납니다.

마태복음 18장 21-22절에는 용서와 관련한 예수님과 베드로의 대화가 나옵니다. 하루는 베드로가 예수님에게 묻습니다. "주님, 형제가 제게 죄를 범하면 몇 번이나 용서하여 주리이까 일곱 번까지 하오리이까." 예수님은 베드로에게 이렇게 답하셨습니다. "네게 이르노니 일곱 번뿐 아니라 일흔 번씩 일곱 번이라도 할지니라."

우리는 예수님과 베드로의 대화를 통해 인간의 용서의 한계가 일곱 번이라면 하나님의 용서는 일흔 번씩 일곱 번이라는 사실을 발견하게 됩니다. 일흔 번씩 일곱 번이라는 말은 한계가 없다는 말입니다. 곧 베드로는 일곱 번이라는 완전수로 용서의 한계를 그었지만 하나님은 그 한계가 없다고 대답하신 것입니다.

용서는 하나님의 사랑의 인간적인 표현입니다. 하나님의 용서의 자리에서 우리는 하나님의 사랑을 발견합니다. 용서 없는 사랑이 없고, 사랑 없는 용서가 없습니다. 즉 우리가 누구를 사랑한다는 말은 용서한다는 것을 전제로 하고 있습니다. 형제의 과실과 허물을 용서하지 않는 사랑은 자기기만일 뿐입니다.

그러나 실제로 용서는 그리 쉬운 일이 아닙니다. 우리 모두 하나님의 큰 용서와 사랑을 받고 눈물 흘리며 감격하지만, 실제로 우리가 다른 사람을 용서하고 사랑하는 것은 얼마나 어렵고 힘든지요? 이론상으로는 다 용서가 됩니다. 의지로도 용서가 됩니다. 믿음으로도 거부하지 않습니다. 그러나 우리 내면의 깊은 곳에는 용서를 거부하는 죄성이 있는 것을 발견하게 됩니다. 용서하고 싶지 않은 마음이 우리 영혼 깊은 곳에 있다는 말입니다. 그래서 오늘은 용서하고 내일은 찡그리는 것이 우리의 솔직한 모습입니다.

예수님은 용서에 관해 대답하시면서 다음과 같은 예화를 하나 들려 주셨습니다(마 18:23 이하).

어떤 임금에게 일만 달란트 빚진 종이 있었습니다. 그런데 이 종이 그 빚을 도저히 갚을 수 없게 되자 주인은 그에게 몸과 처와 자식과 소유를 모두 팔아 빚을 갚으라고 명했습니다. 이때 종은 엎드리어 절하며 기다려 달라고 빌었고, 주인은 그를 불쌍히 여겨 빚을 모두 탕감해 주었습니다. 일만 달란트의 빚을 탕감받은 이 종은 하늘을 날듯이 기뻤을 것입니다.

그런데 그가 나가서 길을 가다가 자기에게 백 데나리온 빚진 동관 하나를 만났습니다. 일만 달란트와 백 데나리온은 하늘과 땅 차이입니다. 그가 주인에게 진 빚에 비하면 아무것도 아닙니다. 그런데도 그는 일백 데나리온 빚진 동관을 보자마자 빚을 갚으라고 소리 질렀습니다. 그 동관은 빚을 갚을 수 없기에 불쌍히 여겨 달라고 하소연했지만, 그는 무자비하게 동관의 멱살을 잡고 빚을 갚을 때까지 잡아두기로 하고 감옥에 집어넣었습니다.

동료 동관들은 그 광경을 보고 가슴이 아파서 주인에게 사실을 다 얘기했습니다. 이 소식을 들은 주인은 종을 불러다가 이렇게 말합니다. "악한 종아 네가 빌기에 내가 네 빚을 전부 탕감하여 주었거늘 내가 너를 불쌍히 여김과 같이 너도 네 동관을 불쌍히 여김이 마땅치 아니하냐"(마 18:32-33). 결국 주인은 노하여 자신의 빚을 다 갚도록 그를 옥졸에게 붙여 다시 감옥에 가두었습니다.

예수님은 이 이야기를 통해 우리에게 "네가 정말 하나님의 엄청난 은혜를 입었다면, 네가 정말 예수 그리스도로 말미암아 죄 사함을 받았다면, 다른 사람을 용서하는 것이 마땅하지 않느냐?"고 말씀하고 계십니다. 우리가 겉으로는 용서하고, 고개 숙여 주며, 그 사람의 발도 닦아 줄 수 있습니다. 그러나 중심에서부터 십자가의 사랑과 용서를 가지고 한 형제를 이해해 주고 감싸 주는 것은 정말 어려운 일이라는 것을 실감합니다. 예수님은 마태복음 18장 35절에서 다음과 같이 결론을 내리셨는데 이것은 정말 무서운 말씀입니다.

"너희가 각각 중심으로 형제를 용서하지 아니하면 내 천부께서도 너희에게 이와 같이 하시리라"(마 18:35).

인간은 모두 하나님 앞에서 죄의 빚을 진 자들입니다. 그리고 우리가 하나님에게 구원을 받았다는 것은 엄청난 빚을 탕감받은 것을 의미합니다. 우리는 하나님 앞에 어떤 빚을 탕감받았는지 자신을 돌이켜 살펴보아야 합니다. 이것이 용서의 근거가 됩니다.

결론적으로 우리가 용서할 때 기억할 일은 첫째, 우리가 용서하지 못한 그 형제를 하나님은 용서하셨다는 사실입니다. 하나님이 용서하셨다면 우리가 미워하고 용서하지 못할 이유가 없습니다.

둘째, 용서할 때 우리는 성령의 도우심을 바라며 적극적으로 기도해야 합니다. 용서는 자신과의 싸움입니다. 혼자서 자신을 이기기는 어렵습니다. 그러므로 성령님을 의지해야 합니다. "아무든지 나를 따라오려거든 자기를 부인하고 자기 십자가를 지고 나를 좇을 것이니라"(마 16:24) 하신 예수님의 말씀처럼 우리가 제대로 예수님을 좇아가려면 우리 자존심과 싸워야 하며 감정과 싸워야 합니다. 우리 자신을 하나님의 말씀에 굴복시켜야 합니다. 용서하는 것도 자신을 부인하고 성령님을 의지해야만 가능한 일입니다.

셋째, 용서할 때 우리는 예수님을 바라보아야 합니다. 용서는 십자가에 달리신 예수님을 바라볼 때 가능합니다. 자기를 죽이는 자들을 위해 기도하며 용서하기 위해 피를 흘리시는 예수님을 바라보십시오.

넷째, 타인을 용서하기 전에 먼저 자신이 용서받은 죄인임을 기억해야 합니다. 그러면 용서하고 나서 자만하지 않게 됩니다. 용서 후에 겸손하고 오직 감사할 때, 하나님은 계속해서 우리에게 용서의 능력을 주실 것입니다.

시험에 들지 않기를 기도하라

7. 기도는 시험 예방약이자 치료약입니다

"우리를 시험에 들게 하지 마옵시고 다만 악에서 구하옵소서"(마 6:13).

성경은 말하길, 이 세상은 유토피아가 아니고 공중 권세 잡은 사탄의 어두운 세력으로 가득 차 있다고 합니다. 다시 말하면, 겉으로는 화려하고 평화로운 에덴 동산 같지만 내면의 실상은 소돔과 고모라인 것입니다. 우리는 이러한 악한 세상의 죄의 구조 속에서 악한 사람들과 더불어 살아야 하기 때문에 어려움과 갈등을 겪게 됩니다.

이런 현실에 비추어 볼 때 예수님이 가르쳐 주신 "우리를 시험에 들게 하지 마옵시고 다만 악에서 구하옵소서"라는 기도는 우리에게 매우 절실하며 실제적인 기도입니다.

먼저 "시험에 들게 하지 마옵시며"에 대해 생각해 보겠습니다. 시험에는 육신의 시험과 마음의 시험과 영적인 시험이 있습니다. 즉 외적인 시험과 내적인 시험이 있습니다.

잠깐 여기서 짚고 넘어가야 할 사실이 하나 있습니다. 그것은 하나님이 우리를 시험하신다는 사실입니다. 성경을 보면 그러한 시험과 시련이 우리에게 유익하다는 말씀도 있습니다. 하나님은 시험을 통해 우리에게 시련을 주시고, 고난과 역경도 주십니다.

하나님이 우리를 시험하시는데 우리가 "시험에 들게 하지 마옵시고"라고 기도하는 것은 모순이라는 생각이 들지 않습니까? 그래서 이 기도와 하나님의 뜻이 어떤 관계가 있는지를 먼저 생각해 보아야 합니다.

야고보는 "내 형제들아 너희가 여러 가지 시험을 만나거든 온전히 기쁘게 여기라 이는 너희 믿음의 시련이 인내를 만들어 내는 줄 너희가 앎이라"(약 1:2-3)고 말했습니다. 여기서 말하는 시험이란 죄에 빠지게 하는 유혹이 아니라, 연단이요 시련입니다. 우리의 믿음이 성장하기 위해서는 반드시 시련이 필요합니다. 그리스도인은 온실에서 자란 꽃이 아니라 모든 풍상을 겪고 자라난 소나무와 같습니다. 그리스도인들이 당하는 시련은 그것이 적에게서 오는 것이든, 인간관계에서 오는 것이든 믿음을 새롭고 강하게 만들어 줍니다.

시련 없이 자란 신앙은 연약합니다. 때로는 우리가 잘했든 잘못했든, 원하든 원치 않든 여러 관계 속에서 시련과 고통을 통과하게 됩니다. 어떤 사람은 병을 통해서, 어떤 사람은 사업의 부도를 통해서, 또는 상상할 수 없는 환경적인 어려움을 통해서 시험을 받기도 합니다.

이에 반해 "시험에 들게 하지 마옵시고"라는 기도에서 말하는 '시험'은 무엇을 뜻합니까? 그것은 우리의 믿음을 연단시켜 주는 시련이란 뜻의 시험이 아니라, 우리를 죄에 떨어지게 하는 유혹(temptation)을 말합니다. 이것은 죄가 도사리고 있는 함정입니다. 이것은 육신의 정욕, 안목의 정욕, 이생의 자랑으로 인해 죄에 빠지게 되는 유혹들을 의미합니다.

야고보는 그러한 시험에 대해서도 말해 주고 있습니다. "사람이 시험을 받을 때에 내가 하나님께 시험을 받는다 하지 말지니 하나님은 악에게 시험을 받지도 아니하시고 친히 아무도 시험하지 아니하시느니라"(약 1:13).

하나님은 우리의 믿음을 연단하시기 위해 우리를 시험(test)하시고 시련(trial)도 주시지만, 우리를 골탕 먹이시기 위해 죄에 빠지도록 유혹(temptation)의 덫을 놓으시는 분은 아닙니다.

그러면 사람이 죄에 빠지는 유혹을 받는 이유는 무엇입니까? 야고보서 1장 14-15절에서 그 답을 얻을 수 있습니다. "오직 각 사람이 시험을 받는 것은 자기 욕심에 끌려 미혹됨이니 욕심이 잉태한즉 죄를 낳고 죄가 장성한즉 사망을 낳느니라."

우리가 시험에 빠지게 되는 가장 중요한 까닭은 욕심 때문입니다. 인간을 지배하고 있는 탐욕, 그것은 인간을 유혹과 죄에 빠지게 하는 가장 무서운 원인입니다. 여기서 우리는 예수님이 말씀하신 "시험에 들게 하지 마옵시고"의 참뜻을 발견할 수 있습니다. 그것은 바로 사탄의 모든 유혹에서 벗어나게 해 달라는 기도이고, 한걸음 더 나아가 유혹의 근원인 욕심에서 해방되게 해 달라는 기도이기도 합니다. 우리가 욕심에서 벗어난다면 얼마나 자유롭겠습니까? 세상의 욕심에 대해 초연하고 자유한 사람이야말로 멋진 사람입니다.

이런 측면에서 본다면 "시험에 들게 하지 마옵시고"라는 기도는 "욕심을 갖지 않게 해 주시고", "사심을 제거해 주시고", "나의 의견이나 생각만을 내세우지 않게 해 주시고"라는 말로 바꿀 수도 있습니다. 또한 이것은 "감당할 만한 시련을 주옵소서"라는 의미이기도 합니다. 고린도전서 10장 13절은 "사람이 감당할 시험밖에는 너희에게 당한 것이 없나니 오직 하나님은 미쁘사 너희가 감당치 못할 시험당함을 허락지 아니하시고 시험당할 즈음에 또한 피할 길을 내사 너희로 능히 감당하게 하시느니라"고 말씀합니다.

그렇다면 시험에 들지 않고 악에서 구원받기 위해서 우리가 해야 할 일은 무엇입니까?

첫째, 악의 세력인 사탄을 과소평가하거나 과대평가하지 말아야 합니다. "사탄은 없다", "죄란 심리적인 현상에 불과하다"고 말하면 안 됩니다. 마귀는 숨기는 것이 그 속성입니다. 마귀는 거짓말쟁이, 살인자, 파괴자입니다. 이것이 디아볼로스(diabolos), 곧 사탄이라는 단어의 뜻입니다. 마귀는 자기가 존재하지 않는다고 믿게 하면서 존재하는 영물입니다. 우리는 마귀의 존재를 인정해야 합니다. 마귀는 우리의 모든 영역 깊은 곳까지 침투해 공격합니다.

그렇다고 마귀를 너무 과대평가하지도 마십시오. 왜냐하면 예수님이 사탄과 싸워 이기셨기 때문입니다. 예수님은 십자가에서 마귀의 모든 세력을 꺾으셨습니다. 그러므로 예수님의 이름으로 나아가는 사람에게는 승리가 있습니다. 예수님의 이름을 부르는 자에게는 구원이 있습니다. 예수 이름으로 마귀를 물리쳐야 합니다. 마귀를 대적하여 꾸짖고 저주하고 추방하십시오.

둘째, 시험에 들지 않고 악에서 이기기 위해서는 반드시 기도해야 합니다. 예수님은 베드로에게 "시험에 들지 않게 깨어 있어 기도하라 마음에는 원이로되 육신이 약하도다"(막 14:38)라고 말씀하신 적이 있습니다. 또 제자들이 귀신을 내쫓지 못하자 예수님이 대신 귀신을 내쫓으시며 "기도 외에는 이런 능력이 나가지 않는다"고 말씀하셨습니다.

말씀과 능력은 기도가 뒷받침되어야 효력이 나타납니다. 사탄은 우리를 결코 무서워하지 않습니다. 그러나 연약한 성도일지라도 그가 무릎 꿇고 기도할 때 두려워하고 무서워합니다. 기도 외에는 다른 길이 없습니다.

셋째, 깨끗한 삶을 살아야 합니다. 죄가 없는 사람에게는 결코 두려움이나 정죄함이 없습니다. 성경을 읽고 기도를 아무리 많이 해도 그 생활이 깨끗하지 않으면 사탄은 공격해 옵니다. 사탄은 우리의 약점을 누구보다 잘 알고 있습니다. 우리가 무슨 죄를 지었는지 주위 사람은 몰라도 사탄은 알고 있습니다.

깨끗한 삶을 살기 위해 특히 시험에 빠질 환경을 피해야 합니다. 유혹받을 장소에 가지 마십시오. 그곳에 가서 "시험에 들지 말게 하옵소서"라고 기도하는 것은 미련한 짓입니다. 또 당신을 유혹에 빠뜨릴 만한 사람을 만나지 마십시오. 인간은 아주 약한 존재입니다. 그러므로 어디서든 예수님을 생각할 수 있는 환경을 만들어야 합니다. 예를 들면, 카세트테이프나 기독교 방송을 통해 말씀과 찬송을 어디서든지 끊임없이 듣는 것도 좋은 방법입니다. 복 있는 자는 죄인의 길에 서지 않는다(시 1:1-2)고 했습니다.

넷째, 악에 빠지지 않기 위해서는 자기를 부인하고, 분명한 목표를 가지고 있어야 합니다. 시험은 목표가 분명하지 않을 때 찾아옵니다. 푯대가 분명하지 않은 사람은 흔들릴 수밖에 없습니다. 우리 인간은 죄인이라는 사실을 꼭 기억하십시오. 인간은 믿을 만한 존재가 못됩니다. 변치 않는 하나님밖에는 믿을 존재가 없습니다.

인간은 은혜를 받았다가도 세상에 나가면 또 딴 짓을 합니다. 세상에 나가서 어떤 모습으로 돌아올지 모릅니다. 그러므로 우리의 실수를 인정하고, 연약함과 부족함을 인정하고, 겸손하게 자기를 부인하고 분명한 목표를 가지고 나아가야 그나마 시험에 빠지지 않을 수 있습니다. 그때 우리는 악에서 승리하게 될 것입니다.

하나님 나라와 권세와 영광을 아버지께

8. 모든 영광은 오직 하나님의 것입니다

"(나라와 권세와 영광이 아버지께 영원히 있사옵나이다 …)"(마 6:13).

주님이 가르쳐 주신 기도는 "하늘에 계신 우리 아버지여"로 시작해서 "아버지께 영원히 있사옵나이다"로 끝맺습니다. 이것은 곧 기도란 시작도 하나님이요 끝도 하나님이란 뜻입니다. 그러나 보통 사람들은 기도의 주제가 자기 자신입니다. 그래서 하나님의 뜻을 이루어 달라기보다는 자기의 뜻을 이루어 달라고 기도합니다.

신앙이란 무엇입니까? 하나님에 대한 관심입니다. 그런데 많은 사람들이 신앙은 '나를 위해서' 라는 생각을 가지고 있습니다. '내가 외로우니까', '내가 고통스러우니까', '내가 병들었으니까', '내가 불안하니까' 신앙이 필요하다고 생각합니다.

그러나 참된 신앙은 하나님 중심의 신앙입니다. 하나님은 결코 어떤 이

론이나 철학의 대상이 아닙니다. 그분은 우주의 근본이시며 우리를 지으신 분입니다. 신앙이란 이 하나님을 깨닫고 그분 앞에 나가는 것입니다. 그래서 우리 기도의 끝은 나라와 권세와 영광이 오직 하나님이신 그분에게 영원히 있다는 감격의 고백으로 마쳐야 하는 것입니다.

신구약 전체에서 동일하게 발견할 수 있는 사실 하나는 하나님의 임재에 대한 경배입니다. 하나님의 임재를 느낄 때 오는 충격과 감동, 경외감은 곧 하나님의 나라와 권세와 영광에 대한 발견입니다. 우리는 하나님을 발견함으로써 진정한 자신을 발견할 수 있습니다.

그렇다면 끝맺음 기도의 내용인 "하나님의 나라와 권세와 영광"은 각각 무엇을 의미할까요?

첫째, '하나님의 나라'는 성경 전체의 주제입니다. 성경은 우리에게 "너희는 하나님의 백성이고 하나님은 너희의 아버지"라고 지속적으로 강조하고 있습니다. 그리스도인들은 이 세상에 살고 있지만 결코 이곳이 자기들의 영원한 고향이 아니라는 사실을 잘 알고 있는 사람들입니다. 예수님은 우리의 영원한 고향인 천국을 우리에게 주기 위해 오셨고, 천국을 위해 십자가에 못 박혀 돌아가셨으며, 우리를 천국으로 인도하기 위해서 다시 오실 것입니다.

"내 아버지 집에 거처할 곳이 많도다 그렇지 않으면 너희에게 일렀으리라 내가 너희를 위하여 처소를 예비하러 가노니 가서 너희를 위하여 처소를 예비하면 내가 다시 와서 너희를 내게로 영접하여 나 있는 곳에 너희도 있게 하리라"(요 14:2-3).

예수님은 천국의 주인이십니다. 그 이름을 믿는 자에게는 하나님의 나라를 주십니다. 우리의 삶은 사망에서 생명으로 옮겨졌고, 지옥에서 천국으로 바뀌었습니다. 이러한 하나님의 나라를 믿고 확신하며 찬양하는 것이 예수님이 가르쳐 주신 기도의 끝부분입니다.

둘째, '하나님의 권세'라는 말은 '하나님의 권능'이라고 이해하면 더 쉽습니다. 그것은 하나님의 나라를 통치하는 힘(power)을 의미합니다. 하나님의 나라를 통치할 만한 하나님의 능력, 힘 바로 그것이 권세입니다. 우주를 창조하셨을 뿐 아니라 통치하시고 섭리하시는 권세, 사망을 초월하시는 그 능력을 우리는 찬양해야 합니다. 그런데 하나님은 이 능력을 예수님에게 주셨습니다.

"예수께서 나아와 일러 가라사대 하늘과 땅의 모든 권세를 내게 주셨으니 그러므로 너희는 가서 모든 족속으로 제자를 삼아 아버지와 아들과 성령의 이름으로 세례를 주고 내가 너희에게 분부한 모든 것을 가르쳐 지키게 하라 볼지어다 내가 세상 끝날까지 너희와 항상 함께 있으리라 하시니라"(마 28:18-20).

예수님은 하늘의 권능을 그대로 소유하신 분입니다. 앉은뱅이를 일으키시고, 소경을 눈뜨게 하시고, 풍랑을 잠잠케 하시고, 귀신을 쫓아내셨습니다. 무엇보다 죄를 용서해 주시는 권능이 그분에게 있습니다. 그런데 더 놀라운 사실은, 이 하늘의 권능을 모든 믿는 자에게 주셨다는 것입니다. 뿐만 아니라 하나님은 우리에게 용서하는 능력도 주시고, 헌신할 수 있는 믿음과 능력도 주셨습니다. 따라서 우리는 "하나님, 하나님의 나라와 권세와 권능이 있음을 찬양합니다"라고 기도해야 합니다.

"믿는 자들에게는 이런 표적이 따르리니 곧 저희가 내 이름으로 귀신을 쫓아내며 새 방언을 말하며 뱀을 집으며 무슨 독을 마실지라도 해를 받지 아니하며 병든 사람에게 손을 얹은즉 나으리라 하시더라"(막 16:17-18).

셋째, '하나님의 영광'에서는 '영광'이란 단어의 뜻을 먼저 생각해 보겠습니다. 영광은 하나님의 속성 가운데 하나입니다. 우리는 사실 영광을 받아 본 적도, 그 속에 거해 본 적도 없기 때문에 영광이란 말이 잘 이해되지 않습니다. 인간에게는 영광스러운 경험이 아니라 비참한 경험들이 가득 차 있습니다. 그러나 오늘 우리 그리스도인들에게는 하나님의 영광을 볼 수 있는 특권이 주어졌습니다.

"여호와는 모든 나라 위에 높으시며 그 영광은 하늘 위에 높으시도다"(시 113:4).

"저희가 여호와의 도를 노래할 것은 여호와의 영광이 크심이니이다"(시 138:5).

길가에 핀 꽃 한 송이를 보면서, 눈이 부시게 푸른 가을 하늘을 보면서, 먹음직스럽게 익어가는 열매들을 보면서 무엇을 느끼는지요? 하나님의 영광이 충만한 것을 느끼지 않습니까? 하박국 선지자는 "대저 물이 바다를 덮음같이 여호와의 영광을 인정하는 것이 세상에 가득하리라"(합2:14)고 노래했습니다.

이것이 신앙입니다. 호흡하며 살아 있다는 사실 앞에서, 인간의 신비로움 앞에서, 온 우주 만물의 경이로움을 보면서, 자기 자신을 보면서 우리는 하나님의 영광을 보아야 합니다. 하나님은 이사야 선지자를 통해 말씀하셨습니다. "나는 여호와니 이는 내 이름이라 나는 내 영광을 다른 자에게, 내 찬송을 우상에게 주지 아니하리라"(사 42:8). 하나님은 당신의 영광을 다른 우상에게 주지 않겠다고 분명히 말씀하셨습니다. 그러므로 우리는 하나님의 영광을 오직 하나님께만 돌려 드려야 합니다.

그러나 많은 사람들은 그 영광을 우상에게 바치고 있습니다. 사도 바울은 인간이 하나님의 영광을 썩어질 사람과 금수와 버러지 형상의 우상으로 바꾸어 버렸다고 했습니다(롬 1:23 참조). 우리는 하나님의 영광을 가로챈 이 죄가 얼마나 큰 것인지 깨닫고 돌이켜야 합니다.

하나님의 영광을 가장 잘 드러내신 분은 예수님입니다. 우리는 하나님의 광채가 예수님에게 나타났다는 사실을 기억해야 합니다. 하나님의 영광을 완전히 옷 입으신 분이 바로 예수 그리스도이십니다.

“이는 하나님의 영광의 광채시요 그 본체의 형상이시라 그의 능력의 말씀으로 만물을 붙드시며 죄를 정결케 하는 일을 하시고 높은 곳에 계신 위엄의 우편에 앉으셨느니라”(히 1:3).

“말씀이 육신이 되어 우리 가운데 거하시매 우리가 그 영광을 보니 아버지의 독생자의 영광이요 은혜와 진리가 충만하더라”(요 1:14).

하나님의 영광은 예수 그리스도에게 나타났고, 하나님은 예수 그리스도의 삶과 죽음과 부활과 승천을 통해 나타난 그 영광을 예수 그리스도를 믿는 자에게도 주겠다고 말씀하셨습니다. 그 영광은 모든 성도들의 참된 소망입니다. 우리는 하나님의 영광이 우리 가운데 임하길 날마다 기도해야 합니다.

'아멘' 으로 이 기도를 기억하라

9. 기도로 마무리되는 인생이 최고 인생입니다

"하늘에 계신 우리 아버지여

이름이 거룩히 여김을 받으시오며

나라이 임하옵시며

뜻이 하늘에서 이룬 것같이 땅에서도 이루어지이다

오늘날 우리에게 일용할 양식을 주옵시고

우리가 우리에게 죄 지은 자를 사하여 준 것같이 우리 죄를 사하여 주옵시고

우리를 시험에 들게 하지 마옵시고 다만 악에서 구하옵소서

나라와 권세와 영광이 아버지께 영원히 있사옵나이다 아멘"(마 6:9-13).

기도를 마무리하는 '아멘' 에는 '확인', '기원', '충성', '헌신' 의 네 가지 뜻이 있습니다. 요한계시록 3장 14절에 "아멘이시요"라는 말씀이 나오는데, 그 '아멘' 은 바로 예수님입니다. 우리가 숨을 거두는 마지막 순간에 하는 말이 '아멘' 이 될 수 있기를 바랍니다.

예수님이 가르쳐 주신 기도를 통해 배우는 기도에 관한 중요한 점 몇 가지를 다시 정리해 보겠습니다.

첫째, 기도는 겸손하게 배워야 합니다. 예수님은 "너희는 이렇게 기도하라"고 하셨습니다. 그러므로 우리는 예수님이 가르쳐 주신 대로 기도해야 합니다. 그것을 배울 겸손이 우리에게 있어야 합니다.

둘째, 기도는 하늘에 계신 우리 아버지의 이름을 부름으로써 시작됩니다. 하늘에 계시다는 뜻은 우주에 충만하다는 뜻이고, 그 말은 곧 하나님이 안 계신 곳이 없다는 말입니다. 그러므로 기도할 때 하나님을 속이려고 하지 마십시오. 하나님은 우리를 속속들이 다 알고 계십니다. 이것을 믿고 기도해야 합니다.

우리의 기도를 들으시는 하나님은 나와 상관없는 분이 아니라 바로 나의 아버지입니다. 그 아버지는 분노하고 벌주시는 분이 아니라, 용서와 사랑이 많으신 분입니다. 기도는 언제 어디나 계시는 그 사랑 많으신 아버지의 이름을 부르는 것입니다.

셋째, 기도란 하나님을 묵상하는 것입니다. 하나님의 거룩한 이름, 하나님의 나라, 하나님의 뜻을 묵상하는 것이 기도입니다.

넷째, 기도는 우리의 필요를 구하는 것입니다. 일용할 양식을 위해, 이웃을 용서하기 위해, 시험에 들지 않기 위해 도와달라고 기도해야 합니다. 악에서 구원해 달라고 기도해야 합니다.

다섯째, 기도란 하나님의 나라와 권세와 영광을 선포하며 노래하는 것입니다.

여섯째, 기도란 '아멘' 입니다.

초대 교회 성도들은 하루에 세 번씩 꼭 주기도문을 외웠다고 합니다. 우리도 하루에 적어도 세 번씩 주님이 가르쳐 주신 기도의 주제들을 묵상할 수 있어야겠습니다. 혹시라도 이 기도가 모임이 끝날 때의 장식용으로 쓰이지 않기를 바랍니다. 이 기도가 형식적인 주문처럼 되지 않기를 바랍니다. 참된 기도는 하나님을 향한 찬양으로 시작해서 찬양으로 끝납니다.

"이러므로 너희는 장차 올 이 모든 일을 능히 피하고 인자 앞에 서도록 항상 기도하며 깨어 있으라 하시니라"(눅 21:36).